The Frontier / Кордон

28 CONTEMPORARY

UKRAINIAN

POETS

The Frontier / Кордон

EDITED

AND

TRANSLATED

FROM

THE UKRAINIAN

BY

ANATOLY

KUDRYAVITSKY

THE FRONTIER / КОРДОН

28 Contemporary Ukrainian Poets

Publishers Maxim Hodak & Max Mendor

Introduction copyright © Halyna Kruk, 2017

English translations © Anatoly Kudryavitsky, 2017

Original Ukrainian-language poems
© their individual authors, 2017

This collection copyright © Glagoslav Publications, 2017

Front cover image © Anatoly Kudryavitsky, 2017

Cover and layout design by Max Mendor

www.glagoslav.com

ISBN: 978-1-91141-449-0

A catalogue record for this book is available
from the British Library

Acknowledgements

Grateful acknowledgement is made to the editors of the following, in which a number of these translations, or versions of them, originally appeared:

"1918" by Ostap Slyvynsky and "Buoys" by Serhiy Zhadan in *Cyphers*; "Tender is the Night", "Coastline" and "Orpheus" by Julia Stakhivska in *SurVision*, "The Gathering" by Lyuba Yakimchuk in *Hayden's Ferry Review*; "He Says Everything Will Be Fine" and "Died of Old Age" by Lyuba Yakimchuk in the *Words for War* anthology, Academic Studies Press, USA, 2016; "Cabin" by Julia Musakovska in the *Letters from Ukraine* anthology, Wrocław, Poland, 2016; "Steel Butterflies" by Julia Musakovska in *Antología para la mariposa,* Colegio José Max León, Columbia, 2016; "The Chill is Sitting in the Opposite Armchair" and "Poplar" by Oleh Kotsarev and "What Do We Call it?" and "As I Fall Asleep in Your Arms" by Halyna Kruk in *World Poetry Almanac 2014*, Ulaanbaatar, Mongolia, 2017.

Contents

Acknowledgements 5

Introduction *by Prof. Halyna Kruk* 13

Галина Бабак / Halyna Babak 15

   "Замислившись над тим…" / A Puddle 17

   "трава кололася і горіла…" / The Way Up 19

   "Мовчання і горлач / Silence and a Jug 21

   Приходили до мене вівці…" / Sheep 23

   "Вона допитувалась…" / The Sea 25

   "час дорівнює відстані двох…" / Time 27

Анна Багряна / Anna Bagriana 29

   "я – вершина старого і чорного дуба…" / Oak 31

   Початок / Genesis 33

   "приладнай мої крила…" / Wings 35

   Дві піщинки / Two Grains of Sand 37

   Скіфська діва / Scythian Maiden 41

   "Дощ не винен…" / Rain 43

Лесь Белей / Les Beley 45

   ар'єрґард / Rearguard 47

   залізна логіка / Iron Logic 49

   грань / Burning Coals 51

   гримуча змія / Rattlesnake 53

   трюїзми / Truisms 55

Тетяна Бондар / Tetyana Bondar 57

   "вояки…" / Warriors 59

   "поверни день…" / Rural Life 61

"відсьогодні житиму…" / An Autumn Person 63

"на острові без імені…" / Sea Woman 65

"тінь…" / Patience 67

"коли падолист…" / Autumn 69

Анна Хромова / Anna Chromova 71

"Федорові С. сниться…" / Dreams 73

"поверни день…" / Simple Things 75

"чекаю на слова твої…" / Words 77

"мертва лисиця на трасі…" / Dead Fox 79

"Якби ти чув в сьогоднішній імлі…" / Hearing in the Dark . . . 81

"Від раптового повітря…" / Water 83

Катріна Хаддад / Katrina Haddad 85

Флюгер / Weathercock 87

Всі потоки ідуть до моря, і море не наповнюється /
All the Rivers Run into the Sea, yet the Sea is Not Full 89

ірмос / Heirmos 91

продавець темряви / The Man who was Selling Darkness 95

сон про осіннє море / A Dream about the Autumn Sea . . . 97

Олена Герасим'юк / Olena Herasymyuk 101

"Обличчя у воді…" / Face in the Water 103

"Як тоді…" / Non-Connectivity 105

"не втеча…" / It's Not an Escape 109

"Була земля…" / The Land 111

"Тепер я знаю…" / The Innermost Emptiness 113

Галина Гевків / Halyna Hevkiv 115

"Наше вітрило…" / Aeolus 117

"Коли ми сумніваємось…" / Twilight 119

"З горіха сік тече…" / Walnut 121

"Вояки…" / Warriors 123

"світ став на коліна…" / The World in Waiting 125

Василь Голобородько / Vasyl Holoborodko 127

[Він опанував розуміння…] / Fist 129

[У жовтім колоссі…] / Yellow Birds 131

[Мушлею йому споконвіку…] / Barnacle 133

[Називаємо вогнем невогонь…] / Fire 135

[Хлопчик прудкий] / Butterflies 137

[Сліпі падають до ями своїх очей.] / The Eyes of the Blind . . . 139

Наша мова / Our Language 141

Олена Гусейнова / Olena Huseinova 143

Брати / Brothers 145

"Я домовилася з Єдинорогом…" / Unicorn 149

"У місті мого дитинства…" / City of my Childhood 151

"Фіранка була прозора…" / Mozart's Birthplace 153

0(I)Rh / 0(I)Rh 155

Маріанна Кіяновська / Marianna Kijanowska 157

"у наметі як у гнізді…" / The Tent 159

"бачити ангела взимку…" / An Angel 161

"раніше я думала…" / Death 163

"знаю про тебе лиш те…" / Smoke 165

"ковтали повітря як землю…" / Bird Cherry 167

З Книги Адама / From The Book of Adam 169

Олег Коцарев / Oleh Kotsarev 171

Холод сидить у кріслі навпроти /
The Chill is Sitting in the Opposite Armchair 173

Фабрика-кухня / Communal Kitchen 175

Регги для дяді Саши / Reggae for Uncle Sasha 177

Не твоя / Nothing for You Yet 179

Тополя / Poplar 181

Останній день / The Last Day 183

Галина Крук / Halyna Kruk 185

    Як його назвати? / What Do We Call It? 187

    [багато речей зникає швидше] / Many Things Disappear 189

    "сниться мені бомбосховище…" / For the Time Being . . . 191

    "коли засинаю в обіймах твоїх…" / Bomb Shelter 193

    [коли засинаю в обіймах твоїх ще по той бік Синаю] /
    As I Fall Asleep in Your Arms 197

    "Мені снилося місто метеликів…" / Butterfly Town . . . 199

Мирослав Лаюк / Myroslav Laiuk 201

    Білий / White 203

    Процеси / Processes 205

    Ной / Noah 207

    Фізична будова / Physical Structure 209

    Дерева / Trees 211

Анна Малігон / Hanna Malihon 213

    Так ніхто не прощається / No One Says Goodbye like This . . . 215

    Сліди / Traces of You 217

    Без диму / Without Smoke 219

    "Розчесавши усі на світі моря…" / Back to Familiar Shores . . . 221

    "Він вислав мені шкатулку…" / A Casket 225

Тарас Малкович / Taras Malkovych 227

    "Історик з закладеним носом…" / The Ropefish Empire . . . 229

    "якийсь божевільний фокусник…" / The Metamorphosis . . . 231

    "Засинаєш, так міцно зажмурившись…" / The Girl Ship . . . 235

    "Малого мене вчили…" / Doorway 237

    "Так подобається…" / Something Visible and Audible 239

    "Мій незворушний спокій…" / Unbreakable Calm 241

Олеся Мамчич / Olesya Mamchych 243

    нічого такого / Nothing to Worry About 245

    "не страшить мене чоловік землі…" / An Earthly Man 247

"метелик махає крильми…" / Under the Sun 249

"будь унизу…" / At the Bottom 251

"світ…" / The World as We Know It 253

"хороші чоловіки…" / War 255

Юлія Мусаковська / Julia Musakovska 257

"покинута хата…" / Cabin 259

"що у твоїй тривожній валізі…" / Emergency Bag 261

"Сталеві метелики в животі…" / Steel Butterflies 263

"Поки ми спали…" / Snow 265

"Під повіками в тебе темрява…" / Darkness 267

Іван Непокора / Ivan Nepokora 269

остаточні речі / Final Things 271

Пісні на осінь / From Autumn Songs 275

"тепер нам нікуди від себе не подітися…" / Unshielded . . . 279

"підходити до незнайомих людей…" / Follies 281

"де би ще нам було так добре…" / Alone Together 283

Олег Романенко / Oleh Romanenko 285

"наші фотографії…" / Zooming In 287

"В тебе сукня кольору неба…" / Nothingness 289

"Засинаю й чую…" / [As I Fall Asleep] 291

"мене часто питають…" / [They Often Ask Me How] 293

"але я знав людину він був володар пустелі…" / Desert 295

"чим красивіша радість…" / Joy 297

Остап Сливинський / Ostap Slyvynsky 299

"Щось таке почорніле…" / The Sling 301

1918 / 1918 303

Щось постійно горіло попереду / Something was Burning 305

Арза / Arza 307

Йона / Jonah 309

"Хтось, Алінко…" / Textbook 311

Юлия Стахівська / Julia Stakhivska 313

Ніч лагідна / Tender is the Night 315

Кільця / Rings 317

Дім / Home 319

Лінія / Coastline 321

Орфей / Orpheus 323

Христя Венгринюк / Khrystia Vengryniuk 325

000 215 / 000 215 327

000 274 / 000 274 329

000 237 / 000 237 331

000 263 / 000 263 333

000 232 / 000 232 335

Люба Якимчук / Lyuba Yakimchuk 337

"він каже: розбомбили школу…" /
He Says Everything Will Be Fine 339

"померли дід і баба…" / Died of Old Age 341

Збирання / The Gathering 343

зелена куртка / Green Jacket 345

пробіжка / Morning Run 347

Із Дзеркал про Алісу / From Alice's Mirrors . . . 349

Ганна Яновська / Hanna Yanovska 351

"дихати наче пес…" / Breathing 353

вірш у чотири пасма / A Four Strand Poem . . . 355

"На будь-якій нерівній поверхні…" / Signs 357

De vacuo / De Vacuo 359

Старші брати / Elder Brothers 363

Оксана Єфіменко / Oksana Yefimenko 367

Реквієм / Requiem 369

Третій пейзаж / The Third Landscape 371

Липневе сонце / The July Sun 373

Софія / Sophia 375

Годинник / Clocks 377

Інна Завгородня / Inna Zavhorodnya 379

"Маєш для рим нові мелодії…" / The City 381

П'ятниця / Friday 383

"Коли маєш помешкання…" / Apartment 385

Схованки / Hiding Places 387

"Запах спаленого міста…" / What Had to be Forgotten 389

Сергій Жадан / Serhiy Zhadan 391

Ісус у таких випадках воскресав /
In Circumstances like These Jesus Would Resurrect Himself 393

"Найкраще, що було цієї зими…" / End of Winter 397

"Після того…" / Fish 401

Бакени / Buoys 403

Секта / A Sect 405

авіахем /
The Society for the Assistance to Aviation and Chemical Industry . 409

The Translator 412

Introduction

Prof. Halyna Kruk

The first thing one has to say about contemporary Ukrainian poetry is that it clearly and inevitably bears the birthmarks of being post-colonial. The consequences of this are many and varied.

In Ukraine, poetry has always been something greater than just a poet's personal vision of the world. For a Ukrainian poet, it is not enough to simply be a maker of texts: he also has to be a person on a mission, a "kobzar", a prophet. Our authors are supposed to add their civil and ethical stance to their poetic palettes that already display some uneasy, sometimes even hellish hues.

As a result of centuries of statelessness when the status of the Ukrainian language remained uncertain, Ukrainian poetry used to exist in oral rather than in written form, i.e. as word of mouth remembered and then recited or sung on special occasions. Because of that, popular Ukrainian poets these days can still draw audiences of hundreds, or even thousands. The kind of poetry they come up with is usually rhymed, smooth, melodious and written in syllabic metres; it has a distinct rhythmic pattern and can be easily memorised. Of course, poetic diversity and any kind of irregularity are being kept out more often than not. Cutting corners is commonly a temptation.

However, there is always another side of the coin: the underlying streams that feed poetic rivers. In Ukraine, there were—and still are—plenty of "underground" writers deprived of any publication options, or resorting to self-publishing. They are far from the mainstream tradition but at the same time they influence it and occasionally reach the mainstream status themselves. This is a normal and all-too-familiar path of literature's development.

Ukrainian poetry is still blessed to be at an early stage of its growth, and therefore remains open to many interpretations. It is one of the most productive and fast-evolving forms of contemporary Ukrainian culture: flexible, variegated and flourishing. We now have a great number of authors belonging to quite a few generations; their aesthetic tastes and styles of writing differ along a whole range of cultural dimensions and traditions. Younger poets strive to find their own, unique writing techniques, which makes them explore language options. Their ideals of perfection are different, their poetics prove to be extremely challenging, both linguistically and semantically. They often describe reality's unusual features and sometimes give it a surreal aura, thus seeking to recreate the world of their visions. Contemporary Ukrainian poets hold their writing to the highest standards, and I am not only talking about a few—or even a few dozen—household names. This makes me extremely happy.

As for this particular anthology, I have to mention the particulars: here we have twenty-eight poets, the oldest of which, Vasyl Holoborodko, was born in 1945 and the two youngest, Olena Herasymyuk and Ivan Nepokora, in 1991. Geographically they represent almost all the regions of Ukraine. The reader won't fail to notice that the majority of the poets are thirty-year-olds. Although they were born in the USSR, most of what they remember are the years of Perestroika. Nowadays they respond to challenges of the time by forging a radical new poetic, reconsidering writing techniques and language itself. Alongside the fellow poets of their generation, they are destined to shape up poetry in Ukraine of the times to come.

All the included pieces are free-verse poems, although the reader can occasionally trace some patterns of sporadic rhyming. Inevitably, some interesting poets have been left out, but then the editor, who is also the translator, stresses that his choice was rather personal: he selected what he felt he could give a life to in the English language. I am delighted that the authors that he has gathered together under one cover will now have their voices heard in the English-speaking world.

Twenty-eight Ukrainian poets say hello to you. Hear them out!

Translated from the Ukrainian by Anatoly Kudryavitsky

Галина Бабак
Halyna Babak

Halyna Babak was born in Kharkiv in 1988. Having graduated from Kharkiv State University, where she studied the Ukrainian language and literature, she worked as an arts facilitator. She is currently studying for a PhD at the University of Prague in the Czech Republic. Her first collection, *I Love Green,* was published in 2007; her second, *From Clay and Water,* in 2011.

* * *

Замислившись над тим, звідки ми,
я вступила в калюжу,
яка хотіла проковтнути мій чобіт.
Калюжа – чобіт – я – який тут може бути зв'язок?

Хіба що калюжі іноді виблискують зірками…

Замислившись над тим, хто така калюжа,
я вступила в себе…

A Puddle

Contemplating where we come from,
I stepped into a puddle
that wanted to swallow my boot.
A puddle, a boot and I…
what kind of connection can there be?

Except that some puddles harbour sparkling stars…

Contemplating what a puddle is,
I stepped into my inner self.

* * *

трава кололася і горіла
здавалося що шлях до себе простий і солоний
і хотілося неба шматок у долоні
і падало небо до ніг дощем
говорили про себе
слухали вголос
і не було страшно
вітер запускав довгі пальці у волосся
і птахи підіймалися високо
а коли ми прийшли –
не впізнали себе

The Way Up

prickly grass was on fire
the road to inner self
seemed easy and salty
we yearned for a handful of heaven
the sky fell at our feet as rain
we were pondering ourselves
and listening aloud
there was no fear in us
the wind ran its long fingers through our hair
soaring birds gained height –
but when we arrived
we didn't recognise ourselves

Мовчання і горлач

Тілестність має час і простір.
Хоча не думає про це буденна жінка,
торкаючись як завше горлача,
щоб принести води.
Бо тиша і вода,
стирають лінії на тілі горлача,
що свого часу нанесла рука
творця.
Хоча не думає про це буденна жінка,
торкаючись як завше горлача,
щоб випити води.

Бо час і простір – то її рука.

Silence and a Jug

Corporeality has dimensions of time and space.
Although an everyday woman doesn't think of it
every time she takes a jug
to fetch water.
For silence and water
erase lines
on the body of the jug
left by Creator's hand.
Although the everyday woman doesn't think of it
every time she lifts the jug
and drinks water.

For her hand is both time and space.

*　*　*

Приходили до мене вівці,
танцювали танці, водили хороводи.
Просили випасати, не забувати, бути.
І спокій – тілом, теплом, росою, травою.

І приходила я.
Просила випасати, не забувати, бути.

Підіймала руки до неба,
а воно – хмари,
а воно – поле,
а воно – доля.
Вівці, мої вівці.

Sheep

Sheep came up to me,
they danced circle dances.
They asked me to keep letting them out to graze,
to be around them, not to forget them.
And calm came over me,
over my body, as warmth, as mildew, as grass.

Then I came up to you.
I asked you to keep letting me out to graze,
to be around me, not to forget me.

I raised my arms to the sky,
but the sky was all clouds,
all fields,
all destiny.
Oh sheep, my sheep. . .

* * *

Вона допитувалась,
чи любить море?
Але він мовчав.
Вона все допитувалась,
чи сумують кораблі за капітанами?
Але він все мовчав.
І вона допитувалась,
чому у води так багато терпіння?

І в його мовчанні народжувалось море,
і пливли кораблі,
і сумували старі капітани,
і слухали шум моря у мушлях,
і переглядали пожовклі світлини,
і розповідали онукам про свої мандри…

А хвилі тихо котились,
а хвилі тихо шепотіли
Про щось своє.

Може, про погоду,
а може, чекали на вітер з моря,
а може, просто чекали.

І вона відчувала силу його води.
І вона відчувала силу його терпіння.

The Sea

She wanted to know
if he was fond of the sea.
But he was untalkative.
She wanted to know if ships
miss their captains.
But he still remained silent.
She also wanted to know
why the waters were so patient.

And his silence gave birth to the sea,
and watercraft navigated it,
and ageing captains were sad,
and they listened to the roar in sea shells,
and viewed yellowed photographs,
and recounted their wanderings to their grandchildren.

And the waves were gently rolling,
and the waves were softly whispering
their thoughts.

Maybe about the weather,
or maybe they expected an onshore wind,
or just expected something.

And she felt the power of the waters.
And she felt the power of their patience.

* * *

час дорівнює відстані двох
що ковтають повітря мов риби
опинившись на березі снів
де межа між хотів увійти
і ввійшов у потік
що ні день і не ніч і не глина –
не зліпити лиця
не створити кумира
все змиває вода – і по колу
помаранчеве дерево
спрага і зброя –
все любов
і розмови птахів
і свобода і близькість
і слово

Time

Time is equal to the distance
between the two who gulp air like fish
stranded on the shore of dreams
that has a border between an urge to dive
and the actual dive into the stream
which isn't a day or a night
no clay there
impossible to mould a face
or an idol
the water washes all away
forming a circle, an orange tree
thirst and weaponry –
everything is love
birds' chirps
and freedom and intimacy
and the word

Кордон

Анна Багряна
Anna Bagriana

Anna Bagriana (Hanna Bagryantseva) was born in 1981 in the city of Fastiv near Kyiv. Having graduated from Kyiv National University named after Taras Shevchenko, where she studied the Ukrainian language and literature, she worked as a radio and television journalist. She has published six collections of her poems, the latest being *Love Spell* (2011), as well as three novels, a collection of her plays, a number of children's books and numerous translations from Bulgarian and Macedonian. Among her awards are the Panteleimon Kulish Prize (2013) and the Grigori Skovoroda Award (2014). She lives in Sofia with her husband, the Bulgarian poet Dimitar Hristov.

* * *

я – вершина старого і чорного дуба
мене рубали громи та невидимі руки Дажбога
я вистояла
але коли прийшла людина
я впала сама
щоб ніхто не подумав
ніби здатна піддатися
силі
безсилих рук

Oak

I am the apex of an old black oak
thunders and Dazhbog's* invisible hands
were trying to bring me down
yet I survived
but when a man approached
I fell of my own accord
so no one would think
that I could succumb
to the power
of weak hands

---

* Dazhbog: a major god in Slavic mythology.

Початок

спочатку були рани
а з ран витікало небо
на небі з'являлися лімфовузли
що зв'язували докупи
усі ті химерні кульки
що так безладно
вешталися по небу
(звідки вони взялися?..)
а потім вузли зростали
важчали
мов каміння
і
мов каміння
сипалися донизу
створюючи щось подібне
до тих (вже зв'язаних) кульок
які називалися
кожна
іменем бога
й богами самі ставали
бо думали
що немає
більше нікого в небі
(просто вони забули
про рани
з яких починався Всесвіт)

Genesis

at first there were only wounds
and the sky gushed out of them
lymph nodes swelled up aloft
they connected
all the ghostly
spheres
wandering around the sky
(where did they come from?..)
later the nodes began to grow
and became heavier
like stones
and then
just like stones
they tumbled down
forming something that resembled
the (interconnected) spheres
each having the name
of a god
and they turned
into gods
as they opined
there was no one else
in heaven
(they simply forgot
about the wounds
the Universe had begun with)

*   *   *

приладнай мої крила
до голосу
тієї сопілки
що зроблена з тіла
вербового
і
вершкові груди
маленької вершниці
поцілуй
до присмаку крові
у пам'яті
і
відпусти її в дику холодну ніч
саму
без вогню і одежини
одержиму і світлу
покажи
як тремтіти від ворога
коли раптом
зникне
остання
зірка
на небі
і
вона полетить
я полечу
аби
світло
було
в дику ніч

Wings

fasten my wings
to the voice
of the pipe
made from a willow
trunk
and
the creamy breasts
of a little rider
kiss her
until you taste blood
in your memory
and
let her depart
into the cold wild night
on her own
with no torch or clothes
obsessed and full of light
show her
how to tremble
at the sight of an enemy
when the last star
suddenly
disappears
from the sky
and
she will fly
I will fly
to brighten
the wild
night

Дві піщинки

дві піщинки
течією дніпровою вихоплені
з долоні моєї
за крайнебо тікають – до межі
між двома таємницями
під ногами у мене – пісок
багато піску
так багато
що можна усипати
у клепсидру одразу кількох життів

так багато піску
що можна звести високу вежу
і заховатися за сімома замками
виглядаючи
заморського лицаря
на човні з прозорими вітрилами

але відсутність отих двох піщинок
(дивно!)
не дає спокою
бентежить ніби перед Всесвітнім Потопом
(а я ж іще пам'ятаю цей страх!)

Two Grains of Sand

two grains of sand
snatched from my hand
by the Dnieper current
escape beyond the horizon
to the boundary
between two mysteries…
under my feet, sand
plenty of it
so one can pour several lives
into the hourglass

such quantity of sand
that one can build a high tower
and hide behind seven locks
looking out
for an overseas knight
in a boat with translucent sails

still, the absence of the two grains of sand
(a strange absence!)
is haunting me
confusing me
so I have a foreboding of the Great Flood
(I still remember that fear!)

сонний острів серця мого
вітер з півночі
сніг біліший від смерті
дві піщинки
я –
відчуття власної невагомості
а
може
я –
одна з тих піщинок?..

the sleepy island of my heart
northerly wind
snow, whiter than death
two grains of sand
and I
feeling my weightlessness –
what if
I am
one of those grains of sand?

Скіфська діва

Не на сон затуляла повіки,
до грудей приростала руками,
триста років – без чоловіка,
вже не жінка,
іще не камінь…
Витікання вогню і часу,
триста літ – ні душі, ні плоті,
незавершення непочатку
і мовчанки прадавня нота.
Прикладала до лона зілля,
ворожила та… на горішках…
Ніби сукня чиясь весільна,
білим-білим ставало ліжко.
І вона в ньому – біла-біла
(сніг розтане – навік зів'яне),
із грудей проростають крила…
Вже – не жінка, іще – не янгол.

Scythian Maiden

screwed up her eyes, but not for sleeping,
and let her hands grow into her breasts…
Three hundred years without a man;
already not a woman,
not yet a stone…
Fire and time have been leaking;
three hundred years without a soul or flesh,
incomplete, undeveloped,
singing an ancient tune of silence…
She applied a potion to her chest,
she tried to tell her fortune by nuts…
Her bed has become whiter
than the whitest wedding dress;
in it, she is whiter than a lily
(snow will melt and wither forever);
wings sprouting up in her chest…
Already not a woman,
not yet an angel.

*   *   *

Дощ не винен,
Коли моститься в мене на підвіконні,
Адже він схожий з тобою –
Так само невиліковно-великий…
Тільки винна я,
Коли одночасно бачу два неба,
Одне – над головою,
Інше – під черевиками.

Rain

The rain is not to blame
when it perches on my windowsill.
Just like you,
it is incurably large…
I am the one to blame
for seeing two skies at the same time:
one overhead,
the other under the soles of my shoes.

Кордон

Лесь Белей
Les Beley

Les Beley was born in Uzhhorod, Ukraine in 1987. He studied the Ukrainian language and literature at Uzhhorod University and English literature at Wroclaw University, and now works as an editor for Tempora Publishing. His first collection titled *Son et lumière* appeared in 2008, followed by *Mirror Cube* (2012) and *Book of the Forest* (2016). He won the Debut literary award in 2008 and the Smoloskip award in 2011.

ар´ерґард

голод, спрагу і пам'ять
тамує біг
тінь, смерть і забуття
задобрює сміх

уже потепліло, але
ми не знімаємо рукавиць,
не переводимо годинників
на літній час

паперові гроші розміняли
на монети,
у бурдюках – вино,
у наплічниках – сухарі,
дотлівають спалені пустирі

Rearguard

hunger, thirst and memory loss
can be helped by running,
shadow menace, death and oblivion,
by laughter

it is getting warmer
but we keep our gloves on
and don't change our clocks
to summer time

we have split our banknotes
into coins
there's wine in our wineskins
and crackers in our rucksacks
burnt wasteland is still smouldering

залізна логіка

світло,
вітер,
тінь –
що з цього зникоме?

штора зав'язана у вузол,
спальний вагон
без подушок і матраців

у цій країні колеса не бувають
ідеально круглими

залізна дорога завмирає
біля кожної станції,
назва якої має більше трьох складів

у складах уже не іржавіє зброя

залізо до заліза
залізо до плоті
плоть до землі

земля від заліза,
земля від заліза
не втече

Iron Logic

It is already bright
and a little windy,
shadows gather –
what of it sounds familiar?

the curtain is tied in a knot
the sleeping car
has no pillows or mattresses

in these parts
wheels are never perfectly round

the railway comes to a halt
near each station whose name
has more than three syllables

weapons no longer rust in goods wagons

iron to iron
iron to flesh
flesh to soil

the soil won't escape
won't escape
from iron

грань

у цьому місті
люди перестають
відкидати тіні,

так як вугілля:
воно має тінь,
поки не потрапляє у вогонь
і не починає тліти

грань не боїться
пропалити під собою землю,
їй не страшний дощ,
вітер не зможе роздмухати її
до полум'я

пурпурові жаринки тліють довше
кармінові думають, що світять яскравіше
(марно сподіваються зігріти себе наперед)
багряні гадають, що не згорять,
поки не стають сивим попелом

Burning Coals

in this city
people no longer
cast shadows

same with coals:
they only have shadows
until they get into the fire
and begin to smoulder

coals are not afraid
to burn the soil underneath them
rain can't harm them
wind can't fan them
into flames

purple pieces of coal smoulder longer
carmine ones presume that they shine brighter
(hoping in vain to warm themselves in advance)
purple ones believe they will never burn up
until the moment they turn into grey ashes

гримуча змія

змія з'являється там,
де про неї забувають,
або там, де з неї сміються

ми ходили босоніж
по осонню,
називали її червом,
підгодовували польових мишей

коли змія вкусила першого,
подумали, що той наступив на
здвоєну колючку

коли помер другий,
ми щось казали
про слабке серце

третій висмоктав і виплював
половину власної крові з рани,
але це його не врятувало

гримуча змія гримить тільки тоді,
коли у тебе уже не залишається
шансу врятуватися

Rattlesnake

appears where it is forgotten
or where everybody
makes fun of it

we walked barefoot
in the full blaze of the sun
we called the snake "worm"
and fed field mice

when it bit one of us
we thought he stepped
on twin thorns

when the second man died
we remembered he had
a weak heart

the third man sucked the wound
and spat out half of his blood
but that didn't save him

a rattlesnake rattles
only when you have no chance
to escape

трюїзми

я не подам тобі яблука,
бо воно найсоковитіше,
коли повністю зігниле

гілля цілком затихає,
коли позбувається листя
струни стають звучними,
коли їх натягують

дзеркало береться тріщинами
якщо в ньому виглядають
вчорашній день

питаєш, чи велике моє серце,
а воно буває найбільшим,
тільки якщо пусте всередині –
наче паприка

Truisms

I won't offer you an apple
because the juiciest ones
are completely rotten

branches settle down
having got rid of the leaves
strings sound stronger
while they get tightened

a mirror cracks
when people search for yesterday
in it

you ask whether I have a big heart
but the largest ones
are empty inside
like bell peppers

Кордон

Тетяна Бондар
Tetyana Bondar

Tetyana Bondar was born in Lutsk, Ukraine in 1978. After graduating from Volyn State University named after Lesya Ukrainka, she has been teaching the Ukrainian language and literature in Kyiv. Her poems have appeared in the best Ukrainian literary magazines and have been widely anthologised. She has published two poetry collections, *The Sanctuary of Wax Dolls* (2006) and *Stepping over the Rain* (2010). In 2007, she won the Granoslov Literary Award.

* * *

вояки
раю та пекла
бояться у бій іти

вчора
влучили в місяць
прийнявши зі спини за чужого

то й не знають
як затемна
буде з кордоном
    між раєм та пеклом

Warriors

the warriors
of heaven and hell
are afraid of joining the battle

yesterday they hit
the crescent moon behind their backs
having mistaken it for the enemy

they don't known
what will happen with the border
between heaven and hell
    when darkness falls

Кордон

* * *

поверни день
до себе лицем

побовтайся
ще трохи
поміж
ситих годинників

криниця
з одним оком
хоче тебе
на сніданок обід і вечерю

а ти
стежку
заніс до цвинтаря

аби бабуні
в ноги
райдуги терлися

Rural Life

turn the day around
to face you

stay a little
longer
among
the fat hours

a one-eyed well
wants you
for breakfast
for lunch and for dinner

and you
have swept up the path
to the cemetery

so the old women
can rub themselves
against the rainbow's feet

* * *

відсьогодні житиму
осінньою людиною
щоби без парасолі
вдиратися в дощ
щоб листя під ногами не шелестіло

осіння людина
разом з деревами жовтітиме
з неї й листя опадатиме
і всі забудуть
як її звати насправді

а їй і так добре
бо набуде подоби птаха
котрий осінь переплутав із домом

An Autumn Person

from now on I'll live
as an autumn person
so I can burst into the rain
without an umbrella
and leaves won't rustle underfoot

an autumn person will
grow yellow along with trees
and leaves will fall
and everyone will forget
her actual name

and she will feel good
having acquired resemblance to a bird
that has confused autumn with her home

*　*　*

на острові без імені
русалка луску з волосся вичісує
сьогодні вона тільки жінка
біль осідає у ній як мул
а дерева-незнайомці голови відвертають
аби мати хоч дерев'яного чоловіка
обручки на їх пальці понадягала
та в ліжку морської жінки
домашні кити відсипаються
і скелі поперек лягають
щоб ніхто не заходив

Sea Woman

on the isle with no name
a mermaid combs her hair to remove scales
today she is but a woman
pain settles like silt
unfamiliar trees turn their heads away
she puts wedding rings on their fingers
so she can have at least a wooden man
pet whales sleep
in the sea woman's bed
and the rocks lie by the entrance
so no one can enter

Кордон

* * *

тінь
ламає руки
сама тримаєшся
молитву
бережеш
на той день
як ангел тебе
залишить
на когось

наважишся
йти по нього
тільки зимою
коли птахи
шукавши під снігом
манну небесну
склювали кроки

Patience

your shadow
wrings her hands
you're holding on
saving a prayer
for the day
an angel will
abandon you
and someone else
will take care of you

you'll dare
to go ahead with it
only in winter
when the birds
looking for manna from heaven
in the snow
peck your tracks

Кордон

*   *   *

коли падолист
почуваюся зле
обминаю осінь
лишаючи на Дніпрі
кола трипільські
в них
затягує русалок
котрі
ніколи не були
людьми
а можна
йти по воді
принесеній течією
як був Всесвітній потоп

Autumn

when leaves fall
I feel ill
and walk around autumn
leaving Trypillian* circles
on the Dnipro water
mermaids are drawn
into them
the ones that have never been
human
and man can
walk on water
brought in by the flow
the way it happened
during the Great Flood

---

* Cucuteni-Trypillian culture: an ancient culture in Eastern Europe.

Кордон

Анна Хромова
Anna Chromova

Anna Chromova was born in Kyiv in 1982. After graduating from Kyiv Politechnical University, she worked as an editor. In 2008, she moved to Israel with her husband and has since been living in Netaniya. In Ukraine, she has published a children's book titled *A Coin* (2015). Her poems appeared in the leading Ukrainian magazines and have been anthologised on a number of occasions. She won the Neosphera Poetry Prize in 2006 and the Urban Crossroads Poetry Award in 2015. She is currently working towards her first collection.

*   *   *

Федорові С. сниться, що він Салах ад-Дін.
Салах ад-Діну – що він селянка із острова Міякедзіма.
А селянка заледве спала вночі. Надворі зима.
І на ранок сніг такий білий, що аж ніби синій.
Діти бавляться у кутку. Готується рис. Спить пес.
Псові сниться, що він вогненний
                                    ангел із сьомих небес.
Спи, мій ангеле, в казці вже слів катма.
Черепахою ніч вилазить з морської піни.

Dreams

Theodore S. dreams that he is Salah ad-Din;
Salah ad-Din, that he is a peasant woman
                                    from Miyakejima Island.
The peasant woman barely slept last night. It's winter outside.
The morning snow is so white it looks blue.
Children are playing in the corner. Rice is cooking, dog sleeping.
The dog dreams that he is a fiery angel from the seventh heaven.
Sleep, my angel, the fairy tale has no words left.
The night climbs out of the sea foam like a turtle.

Кордон

*　*　*

до простих речей
діставатись
як до останньої білої сторінки
в кінці книги
крізь нагромадження і огроми чиїсь
кимось для когось вигромаджені
як до тиші у темряві
під вагою повітря
де є
ти і я
тепер уже
без імен
і навіть
без ти
і без я

Simple Things

comprehending
simple things
is like getting to the blank page
at the end of a book
through all the clusters and nodes
that somebody piled up for someone else
it's like falling silent
in the dark
with the air pressing down on you
where there's you
and me
now stripped of names
and even
without "you"
and "me"

Кордон

* * *

чекаю на слова твої
так голосно
що
здається
чекання моє
заглушить їх
коли вони прозвучать

Words

anticipating your words
so loudly
that
it seems
my expectations
will muffle them
when they are sounded out

* * *

мертва лисиця на трасі
траса впирається в гори із хмар
гори тікають за обрій
як тікають від нас наші добрі наміри
траса вьється між полів та кам'янистих пасовищ
схожих на обличчя того, хто щойно довго плакав
мертва лисиця на трасі
буде вмістилищем болю й образ
доки кістки її не розтрощить колесами автомобілів
і, напевне, потому
бо період напіврозпаду у болю й образ
довший за лисяче життя
сонце співає собі грудних любовних пісень
голосом кипариса

Dead Fox

a dead fox on the road
the road ends up in the mountains of clouds
the mountains escape beyond the horizon
the way our good intentions flee from us
the road whirls between fields and rocky pastures
resembling the face of a continuously crying man
the dead fox on the road
will be a repository of injury and pain
even after car wheels crush the bones
that's why the half-life
of pain and injury
is longer than a fox's life
the sun sings love songs in its full chest voice
that sounds like a cypress

* * *

Якби ти чув в сьогоднішній імлі
живе зростання вереску і воску
як змії позакручувались стебла
неначе пластикові чи скляні

А сік безділля пахне як бензин
У ньому тромб – мале пекуче серце
Як намистина в склянці десь на денці
кривавий сицилійський апельсин

Хтось грає в го хтось бавиться у мудрість
Пусті човни на березі лежать
Учавлені в розсипчасту розпусту
Їх п'ять як і облич твоїх – лиш п'ять

Hearing in the Dark

If only you could hear in the dark
how heather and wax grow
stems twisted like snakes
as though they're made of plastic or glass

Idleness juice smells like petrol
There's a blood clot in it – a small burning heart
a Sicilian blood orange resembling
a bead at the bottom of a goblet

Someone's playing go, another's game is wisdom
Empty boats on the shore are embedded
in powdery vice; there're five of them—
as many as your faces—just five

*   *   *

Від раптового повітря
шкіра гусяча
і волосинки стають сторч.
Тонкі корені тягнуться по воду.
Під твоєю шкірою є вода.
А з вивороту
паростки лізуть до серця
через кістки і легені.

Water

After a sudden gust of wind
you get goosebumps,
your hair standing on end.
Fine roots strive to find water.
There is water under your skin.
Sprouts crawl to your heart
from the outside
through your bones and lungs.

Кордон

Катріна Хаддад
Katrina Haddad

Katrina Haddad (Katrina Rozkladai) was born in Soledar near Donetsk, Ukraine in 1978. Her father was Syrian, mother Ukrainian. Having graduated from Kharkiv State University, she has since been working as an editor and a journalist. Her poems were published in *ZEX* and *Two Tons* anthologies and in leading Ukrainian literary magazines. She has also published her poetry translations from Arabic. Her own poems have been translated into Polish, Lithuanian and Hebrew. She is currently living in Kyiv.

Флюгер

мої східні батьки
західні друзі
північні дідусі й бабусі
мої південні діти
а ще –
приятелі
знайомі, незнайомі
вороги, приятелі ворогів
купа собак, котів, улюблених дахів
книжок, пісень, героїв, слів –
для всього є своє
у цьому географічно визначеному просторі
навіть цілунки доводиться орієнтувати
сторонами світу
аби лише не вийти з кола
окресленого
залишаючись у центрі
всесвіту

Weathercock

my Eastern parents
my Western friends
my Northern grandparents
and my Southern children
and also
my acquaintances and my
unknown enemies, the enemies'
friends, a pack of dogs,
a clowder of cats, my favourite books
and roofs, songs, heroes and words –
they all have their own places
in this geographically defined area
we'll even have to define the position of kisses
in relation to the points of the horizon
all that to avoid going beyond
the hand-drawn circle
to stay in the centre of
the universe

Всі потоки ідуть до моря, і море не наповнюэться

не насититься око бачити
не наповниться вухо слухати
піщинки ніжності перетікають із моїх судин у твої
і навспак
і лише миттєвості вихлюпуються за вінця
і ніколи не повертаються
скільки не схоплюй їхні дежавю-тіні
поміж кадрів старої кінохроніки

не існує часу ані розкидати, ані збирати цей погляд
бо скільки не дивись – не насититься око бачити
легше верблюду пройти крізь
                  горловину пісочного годинника
й не загубити й піщинки зі своїх горбів,
                повних золота й папірусів-днів

All the Rivers Run into the Sea, yet the Sea is Not Full

the eye is never tired of seeing
the ear never ceases to listen
grains of tenderness flow from my veins into yours
and back
and only the moment spills over the edge
and never returns
even if you try to snatch its *déjà vu* shadow
from between the frames of an old newsreel

there's no time to cast a glance or to retract it
because regardless of how often you care to look
your eye is never tired of seeing
it is easier for a camel to pass through
                    the neck of an hourglass
not losing a grain of sand from his humps
full of gold and the papyruses of days

ірмос

засинаючи в позі ембріона
у своїй пірозі
схожій на листя лотосу
ти поринаєш у води
плаваєш глибокими теплими калюжами
вкритими осіннім листям

тебе несе течія

золотий дощ
мжичить небом
котре між нас
у нас
котре запливає у наші безмежні легені

його золоті ріки-зірки всотуються нашою кров'ю
і вона шаленіє

золота мжичка дощу
падає на наші спраглі язики
всотується в нашу слину
летить безмежністю нашого тіла
нашими снами

Heirmos

having fallen asleep in a foetal position
in your pirogue*
resembling a lotus leaf
you enter the water
to swim in deep warm puddles
strewn with autumn leaves

the current carries you

golden drizzle
pours from the sky
that separates us
penetrates us
percolates into our boundless lungs

its golden star rivers are replenished
with our raging blood

golden sleet
falls upon our hungry tongues
gets absorbed in our saliva
and flies alongside our dreams
through the immensity of our bodies

---

* Pirogue: a dugout canoe.

лежачи у своєму човні життя
я пролітаю потоками голосів
давніх по вінця наповнених
– як серця поетів –
– як води тихого океану –
– як піски сахари –
– як абрикосовий цвіт на узбіччях вулиць –
ці голоси вигинають свої спини-потоки
                        золотими водами
несуть мою душу, загорнуту у листок,
злиту з моїм золотавим тілом – настільки міцно
що їх, здається, не розірве ані життя, ані смерть,
                ані пісок, ані підземні озера
                        зі срібною водою

lying in my life boat
I drift among the flows of voices
filled to the brim
—as poets' hearts—
—as the Pacific's water—
—as the sands of the Sahara—
—as apricot petals by the roadside—
these voices arch their backs, like golden streams;
they carry my soul wrapped in a leaf,
merged with my golden body so firmly
that nothing can break the bond, be it life or death,
sand or underground lakes, with their silvery water

продавець темряви

заплющилися слова – не бачити б.
в сувої темрява вся згорнулась калачиком.
її продавець мовчить, навпомацки вправно кроїть
кровить і блищить.

холодний серп у звиклих руках оманливо шкіриться.
наш продавець темряви знає свою роботу,
                    чорною лампою світиться.

він ще не знає, що марно й нічого йому
                    не світить півмісяцем:
темрява в темряві не відрізнить
                    свого продавця від своїх покупців.

The Man who was Selling Darkness

words shut themselves down so no one might
                    understand them.
inside the scroll, there's curled up darkness.
the vendor remains silent, groping for it
                    and cutting it deftly.
darkness bleeds and glistens.

a cold sickle smiles a deceptive smile.
our vendor knows what he's doing;
                    he shines like a black lamp.

he doesn't know yet that it's useless
                    and the crescent won't shine on him:
in the night, darkness can't tell the vendor
                    from his customers.

сон про осіннє море

із укриття свого будинку я дивилася на море
цієї ночі воно наснилося мені зелено-мармуровим
напівпрозорим
із візерунками білих і синіх тріщин
воно ковтало берег
огортало
наповнювало сірий пісок
як серединка наповнює пиріжок

це море було осіннє

прохолодний вітер гойдав фіранки на моїх вікнах
вікна були без скла
стіни були голі й сірі
мені захотілося їх побілити

крейдою
білою-білою і злегка синьою

A Dream about the Autumn Sea

> I don't know who said that there's a limit to everything.
> My little heart can accommodate the whole world.
>
> —Lev Gumilev

from the safe shelter of my home I was watching the sea
that night I dreamt it was the colour of green marble
semi-translucent
with a white and blue pattern of cracks
it swallowed the shore
shrouded it
and filled the grey sand
like a stuffing fills the pie

it was the autumn sea

the chilly autumn wind shook the window curtains
the windows were without glass
the walls were bare and grey
I wanted to plaster them

with lime
white and slightly blue

Кордон

посеред кімнати порожньої стояло ліжко
біле-біле
за вікном було синє і сіре небо
і я подумала що насувається осінь
бабине літо відходить
треба засклити вікна
інакше буде холод

вітер погойдував білу фіранку

синьо ставало на душі

зелене море гойдалося в такт моїм снам

я прокидалася і думала про тебе

про твою воду і твої сни про мене

in the middle of the empty room
there was a lily-white bed
outside the window there was the greyish-blue sky
and I thought that Indian summer was over
and autumn was fast approaching
so I needed to glaze the windows
otherwise the room would get cold

the wind shook the white curtain

I was feeling blue

the green sea rocked to the rhythm of my dreams

I woke up thinking about you

about your water and your dreams of me

Кордон

Олена Герасим'юк
Olena Herasymyuk

Olena Herasymyuk was born in Kyiv in 1991. She started writing poetry while studying at Kyiv National Taras Shevchenko University, and her poems appeared in the leading Ukrainian literary magazines. Her collection titled *Deafness* was published in 2014. Some of her pems have been translated into German. She was the winner of the Leonid Kiselyov poetry prize (2012) and the recipient of the international Oles Honchar poetry award (Ukraine/Germany, 2013).

Кордон

* * *

Обличчя у воді –
їх зносить вглиб
цей міст – весь світ
за нього і тримайся
вся твердь земна –
затерплі білі пальці
ці пальці – бог

і птаха – дім
і берег – дим
і відкривання каменю

з якого
знаходить вихід звір

Face in the Water

A face in the water –
it's being sucked into the depth
this bridge is the whole world
hold on, don't lose the grip
the solid ground
is in white numb fingers
these fingers are God

and a bird is your home
and the shore is smoke

the stone opens
and a beast finds a way
to escape from it

*   *   *

Як тоді
коли міцно стискаю холодне яблуко
здається
от-от воно з рук моїх вирветься
розіб'ється скляне
закотиться в траву
під землю сховається
навіть яблуко
воліє від мене втекти

як тоді
коли хрущі падають на дорогу
боюсь наступити
перестрибую
уявляю як хрусне
аж за вухом
в мозку
як хрусне
і наступаю випадково
на одного

третього
двадцятого
то не спинки хрущів ломляться
то мої кістки
тому знову
боюсь наступити
перестрибую

Non-Connectivity

The moment
when I squeeze the cold apple
it seems like
it is about to slip out of my hand
and break into pieces like glass
or roll into the grass
or hide underground
even this apple
wants to get away from me

The moment
when May-bugs fall onto the road
I am afraid to step on them
I jump over
I imagine that crunch
behind my ears
inside my brain
that crunch
and then accidentally
I tread on the first

on the third
on the twentieth
what breaks are not the beetles' backs
but my bones
and so I am again
afraid to step on them
I jump over

Кордон

як тоді
коли хвилі несуть відображення
довго несуть
зникають перед самісіньким берегом
і знову
з середини ріки
те саме відображення
пливе до мене
ану ж бо
пливи сюди
пливи сюди
пливи
зникає перед самісіньким берегом
зникає не допливаючи до рук моїх
навіть вода
тікає від мене

The moment
when the waves carry the reflection
for a long time
then disappear near the shore
and then reappear
in the middle of the stream
this reflection
is floating toward me
hey
come to me
swim to me
swim faster
but it disappears near the shore
disappears not having reached my hands
even the water
runs away from me

*　　*　　*

не втеча
лиш пошук простору
на якому стало би місця всім

скоро не буде нікого на цьому фото
скоро не буде нікого на цій землі

і тоді
жити у грудях
відкритим серцем
семистрільної липи

знати
в ріці гарцює вода на камінні щодня
                            віддаляється
стихання соків означає вихід за межі тіла
там де птахи прокидаються я прокидаюсь
                            і також кричу
не розтуляючи губ – голосно

бути липою
знати що після тебе залишається тепло
бо тепер ти вогонь і нічого більше

бо тепер ти вогонь
і нічого більше

It's Not an Escape

it's not an escape
it's only the search for a place
where there will be enough room for everyone

soon there will be no one left in this photo
soon there will be no one left on Earth

and then
an open heart
will live in the chest
of a quick-firing lime

to know
that river water prances on the rock
                    and moves farther away daily
the slowing-down of juices means getting beyond
                    the boundaries of the body
where birds wake up, I wake up too and scream—
tight-lipped—loudly

to be a lime tree
to know that your legacy is heat
because you're only destined for the fire

because now you are fire
and nothing else but that

* * *

Була земля
і зараз є –
не зникне
я в ній живу
як вічний кат
живу
у пам'яті
тихішій за траву
у голові
сильнішій за насіння
якому не рости
бо берегти

у берег битись
кам'яний повільний
не в твердь його –
у плоть свою зарити
цю сліпоту глибинну

то кроти
повільно сунуть в землю
у нору
і я–сторічний викидень–
за ними
крадусь
у темряву – там
пам'ять
час
зарию
ви чуєте про що я говорю?

The Land

There was a land—
and it still exists—
it won't disappear
I live there
as the eternal executioner
I live
in other people's memories
quieter than grass
growing in my head
stronger than grain
that won't grow
it will spare itself

it will beat against
slow coastal rocks
not among them
but in its own flesh will it bury
its deep blindness

these moles
slowly go underground
into the hole
I—a century-old throwback—
follow them
I sneak
into darkness – and there
I'll bury
my memories
and time
if you know what I am talking about

* * *

Тепер я знаю,
        де сокровенна пустка –
в чиїм крилі, в чиїм польоті,
в чиїх кістках –
        прозорих і тривожних –
затихла не музика –

спомин по ній.

The Innermost Emptiness

Now I know
      where the innermost emptiness can be found,
in whose wing, in whose flight,
in whose bones—
      transparent and anxious—
hides not music

but memories of it

Кордон

Галина Гевків
Halyna Hevkiv

Halyna Hevkiv was born in 1986 in Lviv, where she is still living. Having graduated from Lviv National University, she has since been working as a journalist and as a radio presenter. She has published two collections of her poetry, *One Day of the Word No* (2004), and *Slovesinna: a Poem and a Play* (2007), as well as her translations of poems by Günter Grass. In 2003, she won the B. Antonich Prize for her poetry.

* * *

Наше вітрило
мовчить до сонця,
земля відступає до краю –
відтягує зустріч.

Наші хвости
під ударами сокир
стають міцніші,
тяжіють до дна.

Еола ми припнули до корми,
шукаємо дірку,
щоб через неї
шляхами цивілізацій,
а потім
мережами каналізацій
опинитися у знайомій ванні.

Aeolus

Our sail that faces the sun
is silent;
the land retreats to the very edge
delaying our meeting.

Our tails grow stronger
from axe blows;
they gravitate
toward the bottom.

We've tied Aeolus to the stern,
and now we're looking for a hole,
so we can dive through it
and then follow the ways of civilization
and sewer networks
to find ourselves in our
all-too-familiar bathroom.

* * *

Коли ми сумніваємось,
що сутінки медоносять,
трава перетворюється із зеленої на безтілесну,
а мандрівники, раптово захоплені ніччю,
добровільно розчиняються у її глеках,
залишаючи по собі тільки бульбашки.

Коли сутінки настирно розважаються нами
і не дають темряві нас остудити,
ми завішуємо ліжка товстими
чорними драперіями,
і коли нарешті влягаємось серед них,
стаємо схожі на ситні жовті яблука
із натюрморту Сезана.

Якщо наші тіла
відділяють день від ночі, як небо від землі,
чи означає це, що ми і є сутінки?..
Якщо ми і є сутінки,
тоді як смакує наш мед?

Twilight

When we doubt whether twilight
is melliferous,
the grass changes its colour from green to disembodied,
and travellers, suddenly caught in the night,
voluntarily dissolve in its jugs,
so nothing but bubbles is left.

When twilight, entertained by us,
prevents darkness from chilling us,
we cover our beds
with thick black counterpains,
and, having finally settled down among them,
begin to resemble nourishing yellow apples
from Cézanne's still lifes.

If our bodies separate day from night,
like heaven from earth,
does this mean that we've become twilight?
If we are, indeed, twilight,
then how sweet is our honey?

* * *

З горіха сік тече,
горіх зісохлий…
З горіха сік на чола крапає,
гіркий від блиску.
Як гарно бачить сонце,
що не дбають,
воно нещадно користає шансом,
воно – то мати…
Горіх під ноги котиться,
він знов радіє…
З горіха сік на чола крапає,
смачний без солі.
Не хоче ніч з дитятком
Привітатись,
пісок ще швидше те каміння точить,
пісок – то прадід…
Горіха плоть у калабані –
то сік наплакав…
Він, мов нектар цілющий ясности,
огидний врешті,
декоративною рослиною
ростиме
на кожнім підвіконні стін чавунних.
Істота хвора…

Walnut

Juice dripping from the walnut,
a dried walnut…
Juice drops, bitter and glimmering,
land on foreheads.
How pleasant it is to observe the sun!
It is carefree,
it mercilessly makes use of a chance,
it is the universal mother…
The walnut rolls under feet;
it is happy again…
Juice drops, tasty without salt,
land on foreheads.
The night doesn't want to greet
a child;
sand accelerates sharpening stones;
sand is our forefather…
The walnut flesh in the puddle
of juice or tears…
It is like the nectar of healing clarity,
ultimately disgusting;
it will grow,
like a decorative plant,
on every windowsill among iron walls.
This creature is hurt…

* * *

Вояки,
чекаєте своєї доби,
з рушницями кохаєтеся…
Ремесло божеволіти
нелегко вивчити…
Досвід скавуліти
не обдуриш молитвою…

Митці,
берете для фарби траву…
Вона випрошує хвилину
для прощання…
Фотографи,
ставите у різні пози собак,
щоб очі міняли колір…

Очевидність доби шкребе камеру
для кожного окремо…
Приберіть свої тіла,

наступні об вас щоб не спіткнулися,
відважні щоб не плакали над вами…
Поховайте свої животи…
Інакше птаха з відрубаною головою
тягтиме вас за хвости до відступу,
а потім
волочитиме за ноги до майстерні,
де вас розпишуть бойовими знаками
перед обрядом спалювання…

Warriors

Warriors,
you're waiting for your time to come,
you're making love to your guns…
The art of slipping into madness
is not so easy to master…
The experience of whimpering
can't be faked by a prayer…

Artists,
take grass for painting…
It begs to give it a moment
for a proper good-bye…
Photographers,
put dogs in various positions,
so their eyes change colour…

Obviousness of the day scrubs the camera
for each person separately…
Get your bodies out of the way,

so those who follow you won't trip over you
and the brave won't cry over you…
Bury your bellies,
otherwise the birds with severed heads
will pull your tails into retreat,
and then drag you by your feet
to the workshop
where you'll get battle tattoos
prior to the ritual burning…

* * *

світ став на коліна… чекає…

і бачить затишне лимонне вікно
на фіолетовій бруківці…

і дві сумні постаті на ринку…

їхній здитинілий сум
плете довкола спантеличеного світу
задуму…
сиру байдужість…
плете сіре вбрання для плавників…

велетенська потвора на колінах…

не виникає бажання підвестися…
немає думки впасти обличчям
у те гниле вікно…
у себе впасти…

так і стоїть… тремтить і чекає…
не викупаний…

The World in Waiting

The world kneels… waiting…

and notices a cosy lemon-coloured window
in the purple pavement…

and two sad figures at the market…

their child-like sadness
weaves indifference around the puzzled world
of intentions…
raw indifference
weaves a grey outfit for the world's fins…

a giant kneeling monster…

it has no desire to get up…
no intention to fall face down
into that rotten window…
into itself…

so it just lingers there
shivering and waiting…

not yet bathed…

Кордон

Василь Голобородько
Vasyl Holoborodko

Vasyl Holoborodko was born in Andrianopil near Luhansk, Ukraine in 1945. He studied the Ukrainian language at the University of Kyiv and the University of Donetsk, from which he was expelled for possessing a banned book on the russification of Ukraine. He wasn't allowed to study in the Gorky Institute for Literature, Moscow, so he only completed his education in 2001, after years of working as a miner and a farmhand. He also researched into Ukrainian folklore, and these materials were later published in book form. He eventually settled in Luhansk, which he had to leave in 2014 following the outbreak of hostilities. He now lives in Irpen. His first collection, *The Flying Window,* was published in 1970 by a small émigré publishing in Baltimore, USA. He had to wait until 1988 for his next one, *Green Day,* to come out. He has since published another seven collections, the latest being *White Room Plants* (2013), as well as two volumes of his *Collected Poems*. English translations comprised the book titled *Icarus with Butterfly Wings* (Exile Editions, Toronto, 1991). In 1988, he was the recipient of the Vasyl Symonenko Prize; in 1994, of the Taras Shevchenko National Award, and in 2012, of the Mykola Hohol's International Award. In 2014, he was nominated for the Nobel Prize in literature.

[Він опанував розуміння...]

Він опанував розуміння
стислого кулака
коли п'ять річок як пальці
текли в одне море
а на долоні плавали кораблі
а з розщепленого кулака
пальці течуть у різні боки
і долоня стає пустелею
про це він уже знав

Fist

He determined
what a clenched fist was
when five finger-like rivers
flowed into the sea
and ships sailed across the open palm
and from the unclenched fist
fingers flowed in various directions
and the palm turned into a desert
which he had already known

[У жовтім колоссі...]

У жовтім колоссі
живуть птахи із жовтими крилами
яких немає в жодного птаха

Повіє вітер
птахам захочеться полетіти
зніметься усе поле і полетить

Щоб послухати жовтих пісень
змайструю клітку
і посаджу туди одного птаха

Поле полетить
всього не спіймаю
одному птаху боляче на самоті

Yellow Birds

Birds with yellow wings
live among yellow wheat ears
no other birds have such wings

When the wind blows
the birds have an urge to fly
and the whole field takes off and soars

I'll construct a cage
so I can listen to yellow songs
I'll get just one bird in it

The field will fly
and I won't be able to catch it
the lonely bird will be hurting

[Мушлею йому споконвіку...]

Мушлею йому споконвіку
хотілося ліпитися до дна корабля

Він ставав мушлею і ліпився дуже щільно
що вже й не відірвеш було

І ніхто йому не сказав що він не мушля
а корабель у цьому морі

Barnacle

He always wanted to be a barnacle
clinging to the bottom of a ship

He turned into a barnacle and got a very tight grip
on the keel so he couldn't possibly be torn off

And no one ever told him that he was no barnacle
but rather a watercraft navigating that sea

[Називаэмо вогнем невогонь...]

Називаємо вогнем невогонь
тішимося тим щоденно
молимося вогню що вмер
– птахи замовкли –

У кожного є світильник
але помиляємося
бо в жодному немає олії
– птахи відлетіли –

На кострище сходимося
щоб позичати іншим жар
але знаходимо попіл
– птахів не було –

Fire

We call the fire the absence of fire
we rejoice at it daily
we pray to the extinguished flames
—birds have gone silent—

Everyone has a lamp
but something's gone wrong
as there's no oil in the lamps
—birds have departed—

We gather at the camp-fire
to share warmth with the others
but we only find ashes
—there weren't any birds—

[Хлопчик прудкий]

Хлопчик прудкий
ганяється в лузі за метеликами

Ловлю його і саджаю на траву
(помічаю: у нього ноги комашині)
забавляю його розмовою про квіти
і сам прислухаюся до хлопчика –
знавця квітів

Показує непомітний пуп'янок:
це велика червона квітка буде

Заспокоюю хлопчика:
твоя мати стала метеликом
вона незабаром прилетить

Butterflies

A nimble boy
chases butterflies in the meadow

I catch him and sit him down on the grass
(I note that he has insect-like legs)
I entertain him with flower talk
and, in my turn, listen to the kid:
he is a flower expert

He points out a hardly noticeable bud:
this will grow into a huge red flower

I comfort the child:
"Your mother has became a butterfly,
she will soon come flying."

[Сліпі падають до ями своїх очей.]

Сліпі падають до ями своїх очей.
Малярі малюють на полотні рямці,
по них малюють іще рямці,
за ними мертвого коня у білому полі.
Шириться презирство до приручених тварин:
діти ловлять білих звіряток за хвостика
і випивають з них молоко.
Стіни ростуть,
і я вже не дотягнуся
покласти випалого із гнізда ластів'ятка.

The Eyes of the Blind

The blind fall into the pits of their eyes.
Decorators paint frames on canvases
and then more frames over them,
and finally a dead horse in the white field.
Disdain for domesticated animals spreads;
children catch white beasts by the tail
and drink their milk.
Walls grow higher,
and I can't place a swallow chick
back into the nest.

Наша мова

кожне слово
нашої мови
проспіване у Пісні
тож пісенними словами
з побратимами
у товаристві розмовляємо

кожне слово
нашої мови записане у Літописі
тож хай знають вороги
якими словами
на самоті мовчимо

Our Language

Each word
in our language
is from the Song already sung
and we use these words
when we talk
with our blood brothers

Each word
in our language
is recorded in the Living Chronicle
so that our enemies know
which words we use
when we are on our own and silent

Кордон

Олена Гусейнова
Olena Huseinova

Olena Huseinova was born in Pomichna, Ukraine in 1979. She graduated from National University of Kyiv-Mohyla Academy. Her first poetry collection titled *Riding in the Open* appeared in 2012; her second, *Superheroes,* in 2016. She won the Smoloskip Award in 2005 and the Vasyl Symonenko Award for the best Ukrainian poetry book of the year (2012). She lives in Kyiv.

Брати

Початок минулого століття
був плідний на братські союзи.
Брати Черепанови вигадували
паровоз.
Уявляю двох хлопців з борідками,
як у Володимира Винниченка,
в чотири руки вони креслять.
Мені цей малюнок нагадує
Міро,
якби в нього були чорно-білі картини.
На вулиці ніч.
Чути як кричать коти і п'яні дівчата.
Брати Черепанови їх не чують –
вони гризуть олівці,
і малюють гвинтики.
Під ранок їм починає подобатись,
розуміють –
ця потвора все-таки
буде рухатись.

Brothers

The beginning of the last century
was immensely fruitful for fraternal collaborations.
The Cherepanov brothers invented
the locomotive.
Imagine two bearded lads
resembling the revolutionist Vladimir Vinnichenko;
they are drawing four-handedly.
Joan Miró could depict this
if he painted in black and white.
It's night out there.
Cats and drunken girls are screaming.
The Cherepanov brothers can't hear them:
they're busy chewing their pencils
and tracing the screws.
By dawn they begin to like their creation;
they realise that this monster
will be able to move.

Кидають олівці,
обіймаються,
наливають один одному
горілку,
швидко випивають.
Знову обнімаються.
Їм байдуже, як дивляться
зі стін
їх
довгобороді діди.
«З цього б вийшов хороший фільм»,
думають брати Люм'єр
і вигадують кінокамеру.

They throw the pencils away,
hug each other, then
pour vodka for each other
and drink hastily.
Another hug.
They don't mind
their long-bearded grandfathers
staring at them
from the walls.
"This would make a good film"
the Lumière brothers ruminate –
and invent a video camera.

* * *

Я домовилася з Єдинорогом
ще минулої осені.
Нам було важко говорити –
навпроти спилювали
каштанове дерево,
яке збожеволіло аж настільки,
що одночасно цвіло
і скидало пожовкле листя.
Електропилка верещала,
вгризалася в стовбур,
і, хоч ми стояли досить далеко,
цурпалки
летіли нам просто в очі.
Я, ні про що не питаючи,
зрозуміла, що мій голос сильніший.
І крикнула:
– Якщо ти повіриш у мене –
буду вірити в тебе!
Саме тоді я почула, як дерево падає,
і, здається, побачила, як він кивнув.

Unicorn

Last autumn I spoke
with the Unicorn.
We found it difficult to communicate –
on the opposite side of the street
somebody was cutting down
a chestnut tree
that went mad to such extent
that it was blooming and dropping
withered leaves at the same time.
The chainsaw squealed
sinking into the bole,
and although we were standing
far enough from there, flinders
flew straight into our eyes.
I didn't ask questions, as I realised
that my voice was stronger than I imagined.
"If you'll believe in me,
I will believe in you!"
I shouted out.
That moment I heard the tree fall down,
and I'm sure I saw him nod.

* * *

Не думаю, что во всем виноваты деньги,
бег времени или я.

Иосиф Бродский

У місті мого дитинства все
нижче, все довше…
Коли над дорогою бачу табличку з
його назвою, перекресленою
червоною рискою, знаю, що можу
нарешті розігнути спину.
І не дивитись весь час уперед…

City of my Childhood

> I doubt whether all this should be blamed on money,
>   or the passage of time, or me.
>
>   —Joseph Brodsky

In the city of my childhood
everything looks lower, everything looks longer…
When I see the city's name
on a road sign with a red
line through it, I know that I can finally
straighten my back –
and stop looking forward all the time…

* * *

Фіранка була прозора.
Поверх здавався третім.
Тих, хто піднявся вгору,
Зустріли стіни і стелі.
Зайвим лишався колір –
Жовтий, мов джем з цитрини.
І золотаві букви –
«Mozarts Geburtshaus».
Вулиця завертала.
Потім робила коло.
А італійський тато
(Може, нащадок Сальєрі)
Не припиняв розмови
З лисим маленьким сином…

Mozart's Birthplace

The curtain was transparent.
We seemed to be on the second floor.
Those who ascended were met
By walls and ceilings.
The colour looked inappropriate:
It was yellow, like lemon jam,
And there was an inscription in gold,
"Mozarts Geburtshaus."
The street turned
And completed the circle.
Meanwhile, an Italian father
(Perhaps a descendant of Salieri?)
Kept talking
With his bald young son…

O(I)Rh

Аналіз крові скаже все
про мене тобі.
Про звички юності.
Про хвороби дитинства.
Про літеру «ш», яку
по дорозі
губив Ікарус 250,
а за нею губив
холодильник,
а за ним гардероб.
Про морозиво, яке
тануло у фользі.
Про речі,
які я випускала
мов неситих птахів
крізь зсувну шибку
над великим,
на весь світ,
вікном.

O(l)Rh

A blood test can tell you
all about me.
About the habits of my youth.
About my childhood diseases.
About the letter "s" that
the Ikarus 250 bus
dropped en route, which was
followed by the loss
of the refrigerator
and then of the wardrobe.
About the ice cream that
melted inside the foil.
About the way
I helped the words
of my hungry birds
slide through the glass pane
of a large
world-wide
window.

Кордон

Маріанна Кіяновська
Marianna Kijanowska

Marianna Kijanowska (b. 1973) is from Lviv. Having graduated from Lviv University, where she studied the Ukrainian language and poetry, she worked as a journalist, as an editor and as a literary translator. She has published ten collections of poetry, the latest being *373* (2014), as well as a number of short stories and essays. She also translates Polish, Russian and Belarusian poetry into Ukrainian. She was the recipient of the B. I. Antonic Award (1999) and the Smoloskip Award.

*   *   *

у наметі як у гнізді
сутінно безвітряно добре
пахне живицею
пір'ям ангелів домом
природа речей проявляється несподівано
руки болять від диму горло болить
солодко солоно ніби кров
відблиск вогню просочується
крізь тканину під шкіру
хто не спить намагається дихати
щулячи крила легень

завтра світло примерзне
комусь
до зіниць і до вуст

а нині час збирати каміння
мертве живе
тілом своїм зігріваючи

вчити його літати

The Tent

the tent is dark and quiet inside
like a nest; it feels good in there
it smells of sap
of angels' feathers, of home
the nature of things suddenly reveals itself
your hands hurt, smoke makes your throat sore
sweet and salty like blood
gleams of fire permeate
through your clothes and under the skin
whoever is not asleep tries to breathe
folding the wings of their lungs

tomorrow the light will freeze
to somebody's lips
and pupils

but now it's time to gather stones
dead and living
pressing them to your body
warming them

teaching them to fly

* * *

бачити ангела взимку
ніби метелика
а метелика ніби ангела
не бажаючи упіймати
як той що лежить

щетина від ніщоти

а ще ти сьогодні не спав
співаючи колискову 19-річній дитині
не спав не вмирав і не плакав
як той що лежить

An Angel

to see an angel in winter
as a moth
and a moth as an angel
without a slightest wish to catch it
like someone who stays in bed

bearing a bristle of non-existence

as for you, you haven't slept a wink today
you sang a lullaby to your 19-year-old son
you didn't sleep or die or cry
like the one who stays in bed

* * *

раніше я думала
смерть це коли каменіє море
смерть це коли накриває хвиля землі

зараз я думаю
смерть слово
невідоме мені зсередини

скажи мені смерть
зсередини невимовну
що таке смерть
скажи і вернися

в тіло моє
зсередини
тисиною пливучи

про те й думатиму
знову і від початку

серце моє
човен твій у мені

Death

I used to think that death occurs
when the sea turns to stone
when tidewater covers the shore

now I believe that death
is a word
made of unknown letters

tell me death
inexplicable inside yourself
what passing away means
tell me and return

into my body
floating
down the Tisza

I will contemplate it
over and over again

this heart of mine
your boat inside me

Кордон

* * *

знаю про тебе лиш те
з ким розмовляв о сьомій з хвилинами
де впав а тоді поповз

ти казав деревій міцне кровоспинне
коли все це закінчиться винайду щастя
а тоді дивився на небо
а тоді на вогонь
з перелітними іскрами

все що знаю про тебе дим
із запахом деревію

Smoke

all I know about you is
who you were talking with at 7.04pm
where you fell and then began to crawl

you said, "Yarrow is a strong haemostatic…
when all this is over I'll find happiness" –
and then you were staring at the sky
at the flying sparks
from the bonfire

all I know about you is
the smoke that smells like yarrow

Кордон

* * *

ковтали повітря як землю
таке було чорне
сусіди що разом город садили

а в тому чорному
немов у мясистій черешні
солодке й гірке
а в тому солодкому і гіркому
солоне і біле

запасали в легенях на роки наперед
не чєрьомуху
іншу якусь рослину
декому видихалися кісточки черешень
декому кулі

камені вилазили із орбіт
і ставали очима

все інше ставало пам'яттю
киснем вогнем

Bird Cherry

they swallowed air like soil
so black it was
the neighbours who were all set to plant potatoes

and in that blackness
there was something bitter and sweet
as in a fleshy cherry
and inside the bitter and sweet
there was something salty and white

they stored something in their lungs
for years to come
it smelled not of bird cherry
like tear gas does
but of quite a different plant
cherry stones were exhaled for some people
bullets for the others

stones fell out of eye sockets
and turned into eyes

the rest turned into memories
into oxygen and fire

З Книги Адама

Адаме
ти що вкусив від істини
звідки знаєш
що ти вразливий
народжений
сотворений
щоразу без батька?

пустки звукопис

усе
що ти називаєш
існує – і…є

Померлі
хто плаче
за яблуком
на околиці саду

From The Book of Adam

Adam
who has taken a bite of truth
how do you know
that you have senses?
that every time you were born
—or created—
without a father?
the tone painter of void…
every thing
you give a name to
comes into being…
They are dead
those who wept
over an apple
by the edge of the garden

Кордон

Олег Коцарев
Oleh Kotsarev

Oleh Kotsarev was born in 1981 in Kharkiv, and now lives in Kyiv, where he works as a journalist. He has authored seven collections of poetry including *The Short and the Long* (2003), *Tsilodobovo* (2007), *My First Knife,* (2009; a joint collection with two other Ukrainian poets), *What's the Time?* (2013) and *Circus* (2015). He co-edited *The Anthology of Ukrainian Avant-Garde Poetry (1910-1030)* with Julia Stakhivska (2014). Kotsarev's poems have been translated into the main European languages, and he was the recipient of two prestigious Ukrainian literary prizes, Smoloskyp Award and Valerian Pidmohylny Award.

Холод сидить у кріслі навпроти

Кожен годинник показує своє.
Дід розглядає троє ключів.
Металева спіраль пульсує червоним.
Тихо й нікого нема. Тільки холод
Сидить у кріслі навпроти.
Холод старший брат.
Спокійний і світлий.
Із ним можна розмовляти й навіть полаятись.
Дід відбиває невідомий ритм.
Кожен годинник своє показує.
А на далеку асфальтову трасу
Водій поставив недопиту каву.
Дощ падає в неї та розбавляє.
І скоро може перекинути.

The Chill is Sitting in the Opposite Armchair

Each clock is showing a different time.
An old man is looking at the three keys.
The metal spiral is red and throbbing.
It is quiet there, and no one is around. Only
The chill is sitting in the opposite armchair.
The chill is your elder brother,
Bright and calm.
You can talk with him, or even argue.
The old man is tapping an unknown rhythm.
Each clock is showing a different time.
Meanwhile, a driver puts his half-empty
Plastic coffee cup down onto the tarmac.
Raindrops arrive into it, and dilute the coffee.
The cup can tip over any minute now.

Фабрика-кухня

Беззвучно-беззвучно
Ходить ранок приватним сектором:
Беззвучно працюють будівельники,
Беззвучно їздять авта,
Тільки листя дуже гучно катається
Й досить сильно гуде
Фабрика-кухня при лікарні;
На фабрику-кухню лізе снайпер
По трубах чоботям добре гнеться,
Дах фабрики-кухні похилий,
Добре лягти
Й упертись
У мертву
Мініатюрну будку ногою;
Снайпер глибше вдягнув шапку,
Снайпер націливсь на шестиповерхівку,
Але не забув поправити бейджик
Із написом
ЕКЗИТ
ПОЛ.

Communal Kitchen

Softly treads the morning
through the housing estate.
Builders work in silence.
Cars move without making noise.
Only fallen leaves rustle resonantly,
and the hospital's communal kitchen
produces a buzzing sound.
A sniper climbs onto its roof;
he clutches at the chimney with his boots.
The communal kitchen has a low-slope roof.
One can lie down onto it
and dig one's heels
into the little
dormer.
The sniper pulls his cap deeper
onto his forehead.
He takes aim at a six storey building
but not before he has adjusted his badge
with the inscription saying
"EXIT POLL."

Регги для дяді Саши

Зірки в небі нагадують
Використану воду в ванні,
А ванна нагадує підстаркувату жабку.

Дядя Саша попросив написати про нього ноктюрн,
Дядя Саша двічі попросив написати
про нього ноктюрн.

Сьогодні так сталося, що найменший камінчик
Має двометрову тінь,
А твоя красива тінь бігає з місця на місце,
Шукає найпахкіших тіл і найшвидшого танцю,
Шукає кільця Сатурну в очах цих людей,
Шукає все далі, дратується і не спить.
Кохання!

Тож-бо про дядю Сашу ніхто не напише ноктюрна,
Ніхто і ніколи в житті не напише
про дядю Сашу ноктюрна.

Reggae for Uncle Sasha

Stars in the sky resemble
soapy water in the bathtub.
The bathtub resembles an aged frog.

Uncle Sasha asked me to write a Nocturne for him.
Uncle Sasha asked me twice to write a Nocturne for him.

Today the smallest pebble happens to cast
a two-meter-long shadow.
And your pretty shadow flickers around
in search of the smelliest bodies and the fastest dance.
It looks for the Rings of Saturn in these people's eyes;
it keeps looking, gets annoyed and gets insomnia.
This is love!

And so no one will write a Nocturne for Uncle Sasha.
No one will ever write a Nocturne for Uncle Sasha.

Не твоя

на цвинтарі
ніколи не знайти
потрібної могили
блукати блукати
серед
кипарисів тополь калин
і кущів
зрідка позираючи
на атональний годинник кози
на сусідньому пагорбі
незвично зеленому
як на цю пору року
плутатися й далі
серед надгробків однакових
чотирьох чи п'яти
різновидів
лише зрідка всміхатись
епітафії наївній
чи чиємусь по-батькові «Вавілонівна»
чи будиночку
з горбом річкою
й сонечком
вигравіруваному
на задній сторінці пам'ятника
та всміхнутися ще раз:
ні
це все ще
не твоя

Nothing for You Yet

at the cemetery
you can never find
the grave you're looking for
you wander and wander
among the cypresses
poplars and viburnum shrubs
glancing from time to time
at the atonal clock, at the goats
on the slope of the nearby hill
unusually green for this
time of year
you get lost
among the tombs
you notice: there are
only four or five
different kinds of them there
you smile occasionally
seeing a naive epitaph
or somebody's strange patronymic
like "Babylonovna"
or a little house with a hump
a river
and a sun
engraved
on the rear of a monument
and then you smile again:
there's no grave
for you there
yet

Тополя

Тополе-тополе, я вперше в житті
так близько до твого кінчика,
на цьому балконі дев'ятого поверху –
трохи ще, трохи – й торкнувся б його,
погладив би, поворушив,
і тут же відкрилось би те,
що ти – це таємний будинку хвіст,
і будинок мені би заїхав,
наче розбурканий кіт,
тополе-тополе, я не заримую
тебе ні зі школою, ані з колами,
я вікно тобі зачиню,
я від тебе відгороджусь,
не заходь до мене вві сні
й круглий жовтий місяць не смій
наколювати на свій кінчик,
на довгу й криву виделку.

Poplar

Poplar, poplar, for the first time in my life
I am so close to your tip
as I stand on this ninth floor balcony –
if I lean a bit farther, a tiny bit,
I will touch you,
stir you, stroke your tip –
and it will be revealed to me that you
are the house's secret tail,
and the house would pounce on me
like an angry cat.
Poplar, poplar, I won't rhyme you
with a school, or a circle;
I'll close the window on you, I'll
shut you off from me;
don't visit me in my dream,
and don't you dare
pin the round yellow moon
on your tip, a long crooked fork.

Останній день

Не було
Ні ангелів, ні труб,
Була салатова блискавка,
Чорна трава –
Заглядала
В вікна,
А на даху
Ситий з голодним
Починали розуміти
Одне одного.

The Last Day

There were no
Angels or trumpets,
There was a light-green lightning
And black grass –
It peeped
Through the windows.
On the roof
A hungry man and a well-fed man
Came to understand
Each other.

Кордон

Галина Крук
Halyna Kruk

Halyna Kruk was born in 1974 in Lviv. She is a poet, a fiction writer and a researcher of Ukrainian medieval literature, and she currently works as Professor of Literary Studies at the University of Lviv. In 1997 her first two poetry collections, *Travelling in Search of Home* and *Footprints on Sand*, were published, followed by two more, *The Face outside the Photograph* (2005) and *Singing/Existence* (2013). Her children's books have been translated into many languages, and her poems translated into German and Russian and widely anthologised. As a poet, she won two prestigious literature prizes, the Ptyvitannia Zhyttia Award and the Granoslov award.

Як його назвати?

з дерева, що вгору, тільки вгору
– як його назвати – дубом? буком? –
безіменний птах злетів на руку
безіменний птах мені говорить,
що один як палець той, хто звуку,
світла, листя дотику у себе
не впускає, бо прийшло без стуку
як його назвати – дятлом? серцем?
що тобі достукатись не може,
вивести тебе на світло боже,
розчинити навстіж, ніби вікна,
наче сіль у морі розчинити…

якщо ти – усе, то як назвати?

What Do We Call It?

From the tree growing up, always up—
what do we call it? An oak? A beech?—
a nameless bird dives into my hands,
a nameless bird imparts to me that
a solitary man, alone as a thumb,
the one who repels light, sounds, a soft
touch of leaves, as they come unannounced,
without knocking, just like…
what do we call it? A woodpecker? A heart?
That something that cannot reach out to you,
make you see the light of day,
open you up like a window, become
part of you like the dissolved salts of the sea…

If you are everything, then what do I call you?

[багато речей зникає швидше]

багато речей зникає швидше,
      ніж ми встигаємо їх помітити
багато чого взагалі не з'являється
                 у нашому полі зору,
як той чоловічок, якого маєш розстріляти
у недільному тирі в парку культури та відпочинку
                    років так зо двадцять тому
доки я встигаю прицілитися
           він уже давно не вигулькує
хто вбив чоловічка для розстрілу
       тою маленькою шротиною
           тою двостволкою з кривою люфою?
хто встиг його зауважити?
       кому вдалося пристрілятися
за тих кілька швидкоплинних літніх неділь,
з яких уже майже все в минулому?..

Many Things Disappear

many things disappear
    before we notice them
many things don't appear
    in our sight at all
like the little target man we used to fire at
twenty years ago
at the Sunday shooting range in the park
by the time I took aim
he was no longer visible
who killed the condemned man
    with that tiny bullet
    from the gun with two curved barrels?
who noticed him just in time?
who managed to zero in on him
over a few fleeting
summer Sundays,
almost all of which are gone and forgotten?

Кордон

*　*　*

до пори до часу
не даєш мені бачити двох гадюк у високій траві
за пару кроків від місця, де ми всілися перепочити,
безпечні, з маленькими дітьми
                    і великими планами на майбутнє

до пори до часу

не даєш мені бачити відходу моїх близьких,
як розгладжуються їхні до болю
                    знайомі мімічні зморшки,
як застигать і чужіють їхні тіла.

до пори до часу мовби бережеш мене
для чогось іншого, більшого, страшнішого,
із чим не можна жити, без чого не можна померти

For the Time Being

for the time being
you won't let me see two vipers in the tall grass
a couple of steps away from the spot where
                              we've stopped to rest
with our small children, careless, discussing
                              our big plans for the future

for the time being
you won't let me see my relatives preparing to pass on,
their painfully familiar mimic wrinkles smoothing,
                              their bodies stiffening

for the time being you seem to save me
for something else, something bigger, more terrible,
something you can't live with – or die without

* * *

сниться мені бомбосховище на околиці пам'яті,
останнє вціліле зі шкільних уроків воєнки
– більше війни не буде, – казала нам вчителька,
але кожен із вас, діти, мусить затямити:
у разі ядерного вибуху,
        застосування зброї масового враження
чи іншого казусу
слід спускатися в бомбосховище, уникаючи паніки,
брати лише необхідне, нічого зайвого:
теплі речі, якби війна затягнулась до холоду –
в бомбосховищі, знаєте, діти, не вмикають опалення
– а хіба там і без того не буде гаряче? –
        кидав хтось із задньої парти дотепну репліку
– а тебе, Гриновець, взагалі не відомо чи пустять ще,
всім не вистачить місця,
запаси води та харчів обмежені…
вже знаю:
        при тому армагедоні не вдасться уникнути паніки
скількох буде затоптано
        при вході до останнього бомбосховища?
не уявляю, як ти, Боже, робитимеш вибірку –
        кожен десятитисячний?
                кожен мільйонний?
                        а похибка?

Bomb Shelter

I dream of a bomb shelter on the outskirts of my memory,
the only remnant of the military training lessons at school.
"There won't be any more wars," the teacher told us.
"But each of you should bear in mind the following:
in case of a nuclear explosion,
     or if weapons of mass destruction are used,
        or another mishap occurs,
you should go down to the shelter avoiding panic,
taking only the necessary things with
                you and nothing else;
you'll need warm clothes if the war drags on until winter:
there's no heating in the shelter, you know…"
"Won't it be hot there anyway?" a witty remark came
    from the back row.
"As for you, Master Grinovets, no one knows
        if they'll let you in.
There won't be room for all;
food and water supplies will be limited…
I'm sure that
    at the time of Armageddon anxiety is unpreventable.
How many peoply will be trampled
        at the last bomb shelter?
I can't begin to imagine how God will make that choice…
    One in ten thousand?
        One in a million?
           And what about arithmetical errors?

вірю, що обійдеться без дискримінації
       за статтю, расою, віросповіданням
              хочеться вірити…
скільки ковтків повітря кожному з них вистачить,
       доки вони чекатимуть свого deus ex machina…
– кожен клас, – казала нам вчителька, –
       тримається свого наставника,
і ще раз повторюю –
       не ганяти в проходах між нарами,
мати при собі в нагрудній кишені бірочку з іменем,
написану каліграфічним,
       а не таким, як у тебе, Федечко, почерком…
навіщо? – дивуюся досі
       напевно, для того,
щоб ангели,
       які виноситимуть душі
              (бо ніхто ж насправді не виживе)
щоб ангели в білих одежах з червоним хрестом
       (і півмісяцем?)
щоб ангели знали, як до тебе, малий, звертатися…

I hope people won't be discriminated against
    because of their sex, race, or religion;
    I want to believe that...
How many gulps of air will suffice them
    until *deus ex machina* shows up?"
"Each class follows their mentor,"
    the teacher told us.
"And I repeat,
    no running in the aisles between the bunks.
You should keep your name tags in your breast pockets.
Names should be written neatly;
    your handwriting won't do, Fedechko...
Why name tags? – I am wondering that too...
    Perhaps they are
for the angels
    that will remove the souls
        (because no one will actually survive),
for the angels in white garments embroidered
            with red crosses
    (and red crescents?)
for the angels, so they know how to address you,
        my little one..."

[коли засинаю в обіймах твоїх ще по той бік Синаю]

коли засинаю в обіймах твоїх ще по той бік Синаю
коли за синами твоїми
сини їх
в сипучих пісках століть
 осідають все нижче і нижче
і навіть
нікому не сняться уже
    захисти мене від
самотніх пробуджень
у дні розчереплені навпіл
де все видається лиш виплодом сніння і скніння
у світі без тіней
де навіть Земля без коріння
перекотиполем тікає за обрій горбатий
загублений Господи мій
невіднайдений раю
із віком щоночі, то більше безсоння
    а надто –
облич
наче маю їх всіх поіменно згадати
коли засинаю…

As I Fall Asleep in Your Arms

As I fall asleep in your arms still on this side of Sinai
while your sons
followed by their sons
are all sinking into the loose sands
of time
subsiding lower and lower
so no one even
sees them in his dreams
     save me from
lonely awakenings
in the nights of riven days
when everything looks dreamy and dreary
in the world devoid of shadows
where even the earth gets uprooted
and like a tumbleweed escapes beyond
                    the crooked horizon
my abandoned Lord
my paradise that I failed to find
with age comes insomnia
     and many
faces appear
as though I ought to name them all
before I fall asleep

*   *   *

Мені снилося місто метеликів,
де оплакують тих, хто на лямпу знадився…

    А ви купуйте троянди, купуйте,
    звісно ж – задля коханої радості.

А всі решта ходили похмурі,
бо не добились такого успіху…

    А ви купуйте троянди, купуйте,
    звісно ж – задля коханої усміху.

А найдужче там не любили
тих, хто крилами махав невчасно…

    А ви купуйте троянди, купуйте,
    звісно ж – задля коханої щастя.

Стало мені їх направду шкода,
але то вже під ранок снилося…

    А ви купуйте троянди, купуйте,
    поки ще три лишилося.

Butterfly Town

I dreamt about a butterfly town where they
mourn those tempted by the lamplight…

> "Roses, buy your lady roses,
> bring her joy."

And the rest of them looked sullen
as they missed the opportunity…

> "Roses, buy your lady roses,
> make her smile."

And the most disliked ones were
those waving wings out of sync…

> "Roses, buy your lady roses,
> make her happy."

So I became truly sorry for them, but this
was already in a morning dream…

> "Roses, buy your lady roses,
> only three left…"

Кордон

Мирослав Лаюк
Myroslav Laiuk

Myroslav Laiuk was born in the Ivano-Frankivsk region of Ukraine in 1990. He studied philology at National University of Kyiv-Mohyla Academy and later researched into the infuence of Ezra Pound on Ukrainian poetry. His poems appeared in the leading Ukrainian literary periodicals, as well as in Russian translation. His first collection, *To Become the Light,* appeared in 2008, followed by two others, *Osote!* (2013) and *Metrophobia* (2015), and a novel. He won the Young Republic of Poets Prize in 2011 and the prestigious Oles Gonchar Award in 2012. He lives in Kyiv.

Білий

посеред чорної ночі на синьому озері
жовтий трамвай зупиняється і везе мене
немає значення куди –

я триматимуся за поручень
аби не впасти у цьому світі
як порожня пляшка

у промзону
повз будівлі які не бачу але знаю
повз тополі вирубані ще в минулому столітті
повз людей які сплять
повз трьох куниць
які шурхотять то там то там

і все це вже було моїм
усе це вже було моїм

тільки ці пальці не були моїми
тільки ці білі п'ять

White

in the middle of a black night on a blue lake
the yellow tram pauses and then carries me
goodness knows where –

I hold on to the handrail
so as not to fall into the world
like an empty bottle falls

into the industrial zone
past the familiar buildings that I can't see
past the poplars cut down in the last century
past the sleeping people
past the three martens
that patter about here and there

all of this has been mine
everything here has been mine

only these fingers haven't
only these five white ones

Процеси

полудень
і ми їхали на
чехословацькому мотоциклі ява
такі молоді

вона була мов лоретта янг
тут неподалік працювала медсестрою
за ті п'ять разів що ми зустрілися
вона якось подумала вголос:

народження і смерть –
два найнеприємніші процеси
які спостерігають ті хто навколо нас

а потім вона довго і смішно сміялася

Processes

it was noon
and we were travelling
on a Czechoslovakian-made Jawa motorbike
how young we were!

she looked like Loretta Young
she worked nearby as a nurse
we met five times and at some point
she thought aloud:

"giving birth and dying –
these are the two most unpleasant processes
those around us can observe"

and then she laughed long and hard

Ной

такий один є
не розуміє ніхто його
живе на відлюдді
складає з древніх костей кістяки тварин

він такий один
дощу не буде ніколи
тільки сухе сухе сухе повітря

не бачить ніхто його
хай хоч прийде з переломом до їхньої лікарні
хай хоч розкидає гроші – площі і зали порожні

над машинами з іржавими причепами
над безколісними возами
над фермою
складає тварин:
кістка тримається на кістці

хребець шиї великого звіра на хребці
і ратиці
висять у повітрі
цільності й фрагменти
і не розпадаються
і не розпадаються

фрагменти більше не розпадаються

Noah

there is a certain person –
no one understands him
he is a recluse
he assembles skeletons of animals from ancient bones

he is one of a kind
it won't rain anymore
the air will always be dry very dry

no one will notice him
even if he arrives at the hospital with a broken limb
even if he scatters money: streets and halls are empty

above the cars with rusty trailers
above the wheel-less carts
above the farm
there he is assembling animals:
two bones click

an enormous beast's neck vertebra
and a hoof
are hanging in the air
of wholeness – and fragments
don't fall apart
they don't fall apart

the fragments no longer fall apart

Фізична будова

стояв біля переламаних дерев
і в умі перераховував
усі латинські назви кісток людини

потім стягував їх на велику купу

я робив це сам
у мене були міцні руки і сильна спина
мені впала сніжинка на вказівний палець
лівої руки
поранений зламаною гілкою

треба підпалити все це
поки не піде сніг дужче
і не поробить ще кількох оленів
нецікавими для мисливця

Physical Structure

standing by the splintered trees
and trying to remember
all the Latin human bone names

then gathering the branches up in a large pile

this was what I did
I had brawny arms and a strong back
a snowflake landed on the index finger
of my left hand
cut by a broken bough

I knew I had to burn them all
before the snowfall would thicken
making a few more deer
uninteresting for a hunter

Дерева

твої дерева живі дерева
сплелись корінням з тілами предків
у страсний тиждень з кори б'ють кров'ю
виходять лики

твої дерева живі дерева
ти їх не чуєш та їхня мова
немов молитва
тече смолою

твої дерева живі дерева
в обличчя вікон будуть скрипіти
кусати лікті ломити руки
дітей губити

твої дерева живі дерева
трикратно гримнуть у мертві двері
зайдуть до хати попросять пити
попросять душу

Trees

your trees, they are alive
their roots are interlaced with the bodies of ancestors
and during Holy Week blood gushes out
of their rind and representations of faces appear

your trees, they are alive
you can't feel them, and their muttering
flows like tar
like a prayer

your trees, they are alive
they creak in front of windows
they bite their elbows, wring their hands
lose their children

your trees, they are alive
they suddenly knock on empty doors
and at the threshold they ask for water
ask for your soul

Кордон

Анна Малігон
Hanna Malihon

Hanna Malihon was born in Konotop near Sumy, Ukraine, in 1984, and now lives in Kyiv. Having graduated from Nizhyn Gogol State University, where she studied the Ukrainian language and literature, she got a master's degree from Taras Shevchenko National University of Kyiv. Her poetry collections are *Doorbell* (2003), *Blood Transfusion* (2012) and *Abandoned Ships* (2012). In 2013, her first novel, *Teach Her to Do It*, came out in Kyiv. A collection of her poems in English translation, *Burnt Skin*, was published in the USA by Underground Books in 2016. She was the recipient of the international Oles Honchar poetry award (Ukraine/Germany, 2019), the Blagivist award (2012) and the Waterline Award (2013).

Так ніхто не прощаіэться

Так ніхто не прощається… Де не клянуться травою
на живому снігу, де сосна виростає кривою,
де водій утрачає пильність і гасне в літі,
я не стану на лікті…
Так не плачуть занедбані діти, йдучи із дому…
Подолавши себе, суперечки, недільну втому,
причаївши страшну історію за щокою,
я тебе заспокою…
Так ніхто не прощається… Весело… Бо зарано
повертати назад, не пізнавши всього туману,
не дійти до війни, пересtitившись камуфляжем…
На чужому поляжем…
Піде світло повільно донизу по восковій вені,
заворушиться дим у вікні, безкінечність у жмені.
І, помноживши попіл на попіл, відпустимо кому.
Так не буде нікому…

No One Says Goodbye like This

No one says goodbye like this... Where they don't
swear by the grass breaking through the snow,
where a pine tree grows
with a bend and a driver gets careless and fades
into summer, I won't lean on my elbow...
Abandoned children don't cry like this
leaving the house. I'll overcome myself,
forget the arguments and Sunday fatigue,
hide a terrible tale in my cheek pouch
and reassure you...
No one says goodbye like this... Laugh out loud!
Because it's too early to turn back without
learning all about the fog, without getting to the war
due to being tired of wearing camouflage...
We'll fall in the foreign fields...
The light will travel slowly down the wax veins, the smoke
will curl outside the window.
                        We'll have infinity in our fists.
We'll multiply ashes by ashes, and release them.
For no one...

Сліди

Сніг не здужає тримати твої сліди,
і вони розсипаються,
кожен крок розпадається
                            на мільярди прозорих крупин,
і якби я могла назбирати твоїх слідів,
приворожила би тебе міцно і незворотно…

Ти смієшся,
знаходиш ниточку на моєму светрі,
тягнеш її, – і я по-дурному щаслива:
тягни,
тягни сміливіше, не відпускай!
Розплітай мене, я й так не була живою…
Тільки потім сплети по-новому,
на свій смак і розсуд.

Я не знаю, чи існує така мелодія,
що може цілком передати мої хвилювання
від твого дзвінка…

Я б купила ту музику за будь-яку ціну,
                            оселила б її в телефоні, –
хай живе і зростає.

Жінки, як золото, дзвінко йдуть тобі в руки,
але більшість – крізь пальці…
І тільки одна
має щастя щоранку випускати тебе
по краплині.

Traces of You

Snow couldn't preserve your footprints,
and they melted away:
each one split into millions of transparent grains.
If I were able to gather traces of you,
I'd bewitch you wholly and irrevocably…

You laugh,
you find a thread sticking out of my sweater
and pull it. All of a sudden I become stupidly happy:
pull it,
pull it strongly, don't stop!
Unwind me, I wasn't alive anyway…
And don't forget to weave a new me,
just the way you want me to be.

I don't know if there is a tune
that can signify my excitement
about your call…

I would buy that ringtone, no matter the cost,
and accommodate it in my phone:
let it grow there.

Women are drawn to you, and so is gold,
but everything slips through your fingers…
Only one girl is lucky enough
to let you in every morning,
drop by drop.

Без диму

...а потім ти так знудьгуєшся за її димом
що не зможеш без нього і дихати
світ який вона вміла тримати між
                вашими спинами уночі
буде підхоплений іншим коханцем
аби втриматись і не розпастись
...а потім до тебе посеред втечі нахабно
                пошкребеться Лорка:
«ох, яка то мука – жить
все життя без муки й туги»
і це стане контрольним пострілом
у хронічну відсутність мішені
... а потім довбана офісна Анна-Марія
ставши нарешті досяжною
                по самі вершини твого рукоблудства
ходитиме з відкритими лапками на полювання
за твоїми цитатами а натомість отримає крик
...а потім... ти зрозумієш
що все життя рятувався від світу
а потрібно було рятувати світ
за димом
за її обдертою спинкою
за низькими вікнами що жити не можуть
              без хвої та павутини...

Without Smoke

…and then you'll realise that you miss her smoke
and can't breathe without it.
The world that she squeezed between your backs at night
will be picked up by another lover
who will keep it whole.
…and then, in the middle of a getaway,
                    Lorca will brazenly
scratch your door from the outside:
"Living your life without suffering,
without yearning, is such a torment!"
This will become a kill shot
at the permanent absence of target.
…and then a damnable Ann Marie from your office
will finally become reachable up
                        to the heights of your lust,
and she will move inside the quotation marks
hunting for your quotes but won't get
                        anything but a scream.
…and then you'll understand
that you always tried to escape from this world,
although all you had to do was to save this world
behind the smoke-screen,
behind her ragged back,
behind the low windows that always conceal
pine needles and cobwebs.

* * *

Розчесавши усі на світі моря,
     скуштувавши дикого тютюну,
відгризши важку лапу втоми,
він повертає до свого проклятого берега,
де так порожньо й страшно,
     що птахи вирощують ікла,
а замість товару приходять нові каліки та жебраки.
Він за звичкою промовчить:
     "Ну, доброго ранку,
вічнозелена купо лайна!"
А місто, як завше, не скаже:
     "З поверненням, збоченцю!"

Він, потоптавши іржавий пісок, зітре зі щетини пил,
щоб знову піти до неї,
до тієї хороброї дівчинки
     у червоних гумових чобітках,
що хоче його…

Що хоче його
нових оповідок і жуйок і дивних
     звірів у великих книжках.

Back to Familiar Shores

Having combed all the seas, having tried wild tobacco,
having bitten off the massive fatigue's paw,
he returns to his damned native shores,
desolated and dreadful. Birds grow fangs there;
cripples and beggars keep arriving instead of goods.
As always, he won't say: "Well, good morning,
you evergreen pile of shit."
And the town will customarily fail to reply:
"Welcome back, pervert."

He treads down the rusty sand, wipes dust
from his stubble and then goes back to her,
to the brave girl in red rubber boots,
the one who wants him,
wants his stories, bubble gum and strange beasts
from picture books.

Він посадить її на широке як світ підвіконня,
де чорні пухлини вазонів,
де довгі шиї малахітових кактусів
                              тягнуться крізь камінці,
щоб побачити, що буде далі.
А казка в його долоні, наче маленька мушка,
то стихне, то знову шукає свободу.
І ось він – твій заморський спаситель,
                              твій ірисовий рай.

Що бачила твоя мати, як на неї
                              зійшов благодатний біль?
Чи чула вона звуки сирітського хору,
коли клала тебе на вологі кущі ялівцю?
Хто похрестив тебе з першими переломами,
коли всіх ангелочків було розібрано,
а ти довго дивилась на шторм, а потім
упала в кому?
Він тебе підібрав. Він тебе похрестив. Він тобі берег.

…Жебраки так низько відпускають дим,
що вони, ідучи повз них, взявшись за руки,
наступають на нього,
причаївши у горлі кожен свою монетку.
Ідуть по місту, де немає цирку, бо нікому не весело,
ідуть по мушлях – бо ніхто у них не живе, окрім
приблудного шуму,
ідуть відпускати гріхи покинутим кораблям…

He'll put her down on the windowsill,
                    as wide as the world,
amidst the black swollen vases and long-necked
malachite cacti that break through pebbles
to see what will happen next.
And a tale in his fist settles down
like a little fly, and then renews its attempts to escape.
Here he comes again, your foreign saviour,
                    your iris paradise.

What did your mother see when blessed pain
                        crept over her?
Did she hear the singing of an orphan choir
as she put you down on wet juniper branches?
Who baptized you with the first fractures
when all the little angels were busy
and you stared at the storm and then
slipped into coma?
He picked you up. He christened you. He is your shore.

Beggars let off steam so low that they
step on it as they walk away holding hands,
each harbouring a coin in his throat.
They trudge through the town that has no circus
because no one is cheerful there.
They tread on shells because there's
nothing but accidental noise inside.
They've come to absolve the abandoned ships of their sins.

* * *

Він вислав мені шкатулку – знак порожнечі…
Нетлі, голови оленів, всяка інша нещасна нечисть,
непідвладна ні часу, ні пилу.
Спочатку відкрити було несила.
Потім, одного разу, коли не спала…

…Без нутрощів, без прикрас,
отже, доречна якраз
для всякого спаму.
Тільки на дні – як підстилка до всіх
                    спільно прожитих зим –
лист із проханням не кидати пам'ять за ним…

A Casket

He sent me a casket, a sign of emptiness.
What's in it? Moths, deer heads, some other
unclean things that time and dust can't damage?
At first I was unable to open it.
Then one night as I lay awake…

No jewels there, or other contents.
Suitable, therefore, for keeping junk.
Only at the bottom—like bedding
for all the winters we spent together—
a letter urging me to remember him.

Кордон

Тарас Малкович
Taras Malkovych

Taras Malkovych was born in 1988 in Kyiv. He graduated from Kyiv National Taras Shevchenko University, where he studied the theory of translation, and later was a postgraduate there, researching into Ukrainian and international film translations. Some of his poems appeared in the leading Ukrainian literary periodicals, and have been translated into the main European languages. His collection of poetry, *The One who Loves Long Words*, was published in 2013. He also edited the anthologies titled *The Sleepwalkers. Dreams of Ukrainian Writers* (2010) and *New American Poetry* (2016).

* * *

Історик з закладеним носом жахає людей
бо говорить про якусь давньорибську імперію
про те як рибський імператор насилає
гігантські риби з затупленими фізіями
що кидаються на мирних риблян
                              з солдатською завзятістю
казав також, що папа рибський
                              освячував їхні військові походи
названі там запливами
довго ж той історик отак гугнявив
а слухачі тільки чудувалися:
                              які мабуть смішні ті рибські оратори –
стоять за трибунами на хвостах
тримаючи у плавниках таблички з промовами
і голосисто булькаючи зачитують
                              їх гнучко похитуючись у такт

The Ropefish Empire

A historian who suffers a blocked nose terrifies people
as he goes on about some Ropefish Empire
about a Ropefish Emperor who sends
giant blunt-headed fish
to attack peaceful ones with soldiers' tenacity
he also mentions that the Ropefish Pope gave his blessing
to these military campaigns
customarily called swims
long did the historian snuffle
while the audience was trying to imagine
               peculiar Ropefish speakers
standing on the podium on their tails
holding in their fins tablets with their speeches
and reading them with loud gurgling and body swaying

* * *

якийсь божевільний фокусник
     перетворював двох дівчат
на поїздові вагони
великі, але по-жіночому елегантні
мене змушували спостерігати за перетворенням
дівчата ставали на руки і на ноги
я бачив як з дівчачих ступень і долонь
     проростали дерев'яні колеса
такі як у якихось надмірно високих возах
тулуб однієї миттєво розтягнувся
і з нього враз постав каркас вагона
такий самий червоний як светр тієї дівчини
за перетворенням іншої я спостерегти не встиг
лише фари синього як куртка дівчини
     локомотива що постав на її місці
з точністю повторювали розріз її широких
     здивованих очей.
мене змусили по черзі зайти в обидва вагони
хоч там не було дверей
не знаю як але я таки увійшов у перший –
    той що червоний

The Metamorphosis

some mad magician turned two girls
into train carriages
large but feminine, even elegant
I was forced to watch the transformation of the girls
they stood on their hands and feet
I observed how the girls' limbs evolved into wooden wheels
the type high-wheel garden carts have
the body of one of the girls stretched instantly
forming the frame of a carriage
as red as her sweater
I didn't have enough time to watch
                    the transformation of the other girl
but the headlights of the locomotive, blue as the girl's jacket
had the same wide slit as her astonished eyes
I was forced to go into both carriages, one by one
even though there were no doors –
don't know how I managed but I entered the first,
                    the red one

і він почав повільно котитися кімнатою
в якій ми тоді стояли
очевидно в синій також хтось увійшов
бо коли я виліз із червоного
вагони знову перетворилися на дівчат
і обидві болісно хапалися за хребти і стогнали
як після важкої ноші
я справді не хотів жодній з них завдавати болю
але розумів що принаймні одній
з них болю завдав саме я
я знав що робити але
не вмів заплакати достатньо гірко

and it began to roll slowly around the room
                    in which we were standing
it looked like somebody entered the blue carriage, too
because when I got out of the red one
they again turned into girls
both were clutching their painful backs and groaned
as though they just laid down some heavy burdens
I didn't want to hurt them
but was aware that it was I who caused pain to
                    at least one of them
I knew what to do
but was unaccustomed to crying bitterly enough

* * *

Засинаєш, так міцно зажмурившись,
Щоб потопельники твоїх очей колись втопившись у них
Вже не змогли покинути своїх колодязів
Та вдень ти знову відкрита для нових невмілих плавців
Коли, задивлена своїми вічно розширеними зіницями
Ти ще поглиблюєш провалля, а десятки
    зустрічних чоловіків глянувши на тебе
хоч-не-хоч віднаходять той рухливий
     принадний вир і таки топляться.
І вже мусиш міцніше жмуритися вночі
    і частіше гратися в хованки удень
Хоча все одно жоден з потопельників
    не має за що вхопитись
І зісковзає з твоїх ніжних як відшліфований океаном
    білий камінець рис тендітного обличчя.
Тож, тобі зовсім немає про що хвилюватися,
    човнику потопельників
Дівчино-корабель, країно кінцевих запливів.

The Girl Ship

You fall asleep with your eyes shut so tightly
that those who once drowned in them
would never be able to escape from their wells.
At day time you open up for more inept swimmers
as, enchanted by your eternally dilated pupils,
you deepen the abyss, and dozens of approaching
                    men cast a look at you
and unwittingly find the enticing movable whirlpool,
                    in which they drown.
And then you have to narrow your eyes tighter
                    at night and play hide and seek
more often during the day, although neither of the drowned
has something to hold on to as he slips out
                    of the frame of your fragile face,
as gentle as an ocean-polished white stone.
And so you have nothing to worry about,
                    the boat of the drowned,
the girl ship, the land of final swims.

*   *   *

Малого мене вчили,
що коли знайти в хаті одвірок і стати в нім
то мене ніщо не зможе сягнути.
Ми ж-бо випроставшись в одвірку
                           під час наближення блискавки
вдаючи безстрашних кажемо: «камінь-голова»
і трохи окріпнувши наступної миті згадуємо
хоча б якусь молитву – Боже, все не так,
                  я вкотре все зіпсував
як я можу кликати тебе ставши в одвірок?
Та ж одвірок – це зовсім не частина дверей
це той
хто відійшов від віри
але, Боже, хай і в одвірка
не влучить Твоя блискавка

Doorway

When I was a little boy they told me this:
while you are in the doorway,
nothing can harm you.
We stand tall in the doorway when we expect
                    a lightning strike;
we pretend to fear nothing and pronounce
                    the magic words "stone – head";
we take heart from this and then recall a prayer:
oh, God, things have gone wrong,
                    I yet again ruined everything.
How can I call to you while I'm standing in the doorway?
Because doorway is not part of a door frame,
it is the one
who abandoned his faith.
But have mercy, my Lord, avoid the doorway
when you throw your lightning bolt.

* * *

Так подобається
це перебирання травинок у твоїх руках –
подумалося що можу
показати тобі короткі мультфільми отак самісінько
перегортаючи між собою кілька великих
павичевих пір'їн:
гойднешся собі в гамаку над піском
і весь узір, що на пір'ї, здасться тобі рухливим.
Якщо не чутимеш шелесту пір'я,
визвучу для тебе
виринання морських котиків –
і хай би не було поміж нами жодного
перекрикувача риб

Something Visible and Audible

I really like
the way you run your fingers over blades of grass;
it just occurred to me that I can
show you some short animated cartoons
where I run my fingers over a few large
peacock feathers:
you'll rock yourself in a hammock over the sand
and the pattern on the feathers will come to life.
If you won't hear the rustling of the feathers,
I'll make the surfacing of fur-seals
audible for you – and I'll make sure
that no one who speaks louder than fish
comes between us.

*   *   *

Мій незворушний спокій таки схиляється перед твоїм.
Ким мій поклик тебе застане?
І як сягне мене твоє відгукування?
І як, скажи, ти збираєшся вирости,
коли навіть твоя тінь на сходах розпадається?
Так воно добре – розуміти все:
це ніби
дивишся колекцію ядер,

висмикнутих з речей.

Unbreakable Calm

My unbreakable calm is inferior to yours.
What will you be like when I call for you?
And how will I get your reply?
Now tell me, how do you intend to grow up
if even your shadow splits on the stairs?
Understanding all things is great,
it feels like
examining a collection of kernels

scooped out of things.

Кордон

Олеся Мамчич
Olesya Mamchych

Olesya Mamchych was born in Kyiv in 1981. In 2003, she graduated from Kyiv University named after Taras Shevchenko, where she studied creative writing. Her first poem appeared in the children's magazine *Sonyashnik* in 1992, and her first collection, *Perekotybole*, in 2004. Her other two collections, *The Cover* and *The Sun on Maternity Leave* were both published in 2014. Olesya Mamchych has also published her poetry for children and poetry translations from Polish, Belarusian and Lithuanian. She was the recipient of the Blagovist Award in 2006 and the Urba-Crossing Award in 2014. She is currently living in a creative commune and working on an alternative school education project.

нічого такого

нічого такого
просто цей світ розрахований
на міцніших за тебе

його конструкція досконала
між роком і роком підземний
перехід
між серцем і серцем автобан

нічого такого
світ досконалий
мета його зрозуміла
люди живуть щасливі
помирають щасливі

Nothing to Worry About

nothing to worry about
it's just that the world is designed
for those who are stronger than you

its design is perfect
there's an underpass between two years
and a motorway
between two hearts

nothing to worry about
it's a perfect world
its purpose is clear
we live happy
and die happy

* * *

не страшить мене чоловік землі
чоловік, виліплений з багна і сирості
знамено якого – непокора

іще сьогодні я зупинялася
збентежена його оком
його поглядом обведеним тушшю
як у фараона

а тепер бачу:
страх мій – усередині мене у кошику складений

а земний чоловічок
ліплений недбало
недбало й кришиться

An Earthly Man

an earthly man doesn't frighten me
the man moulded from dirt and dampness
whose banner is disobedience

even today I paused
embarrassed by the look in his eyes
outlined like Pharaoh's eyes
by Indian ink

now I understand:
my fear is inside me in a basket

and the earthly man
moulded by accident
accidentally crumbles

*   *   *

метелик махає крильми
як дівча на пероні
вимахує хусткою
білою наче смерть
а квітка приносить мед у своїй короні
земля виростає шарами
                                за дерном дерн

а отже і ми хоч у чомусь
                    ближчі до сонця
а отже і лаври зів'януть швидше – бо жар

земля концентрується до порошинки в оці
сльоза помирає в личинці
горить душа

Under the Sun

a butterfly flaps its wings
like a girl on the platform
waving her handkerchief
as white as death
and a flower brings out honey
in its crown
the soil rises as layers and layers
                         of sod build up

and so we get slightly closer
           to the sun
and so laurels will wither faster
because of the heat

the Earth shrinks into a speck in the eye
the tear dies in the chrysalis
the soul on fire

* * *

будь унизу
де коріння і глина
де за сто років
тіні так багато назбиралося
що вона прорила яму

бережи подих
камінь до каменя складай видих і вдих
будуй загату із подихів
хай зупиняє все що має спинити

твої перешкоди твоє майно
складені по валізах
вовтузяться вигинають спини
твої перешкоди твої звірята

At the Bottom

stay at the bottom
on clay, among tree roots
where so much slime had been
gathering over a hundred years
that it created a hole

save your breath
collect the air you inhale and exhale
build a dam out of it, brick by brick
let it retain all that has to be retained

your barriers your belongings
all in suitcases
your barriers your young beasts
patter about, arch their backs

* * *

світ
занадто правильний
треба його зламати
понадкушувати кожну сніжинку
як пиріжок
розсипати рельєф
вимкнути вітер
увімкнути час
і хай потім думають
хто попереставляв людей
поки всі спали
і хай потім шукають
вітра в полі
якщо замість поля
блищить ґудзик
і автомат

The World as We Know It

the world
is too predictable
we'll have to break it down
to bite every snowflake
like a cake
to scatter the elements of the landscape
to turn off the wind
and switch on the time
and then let them guess
who has shifted the people
while everyone else was asleep
and let them catch the wind
in these fields
if these are indeed glimmering fields
and not shiny buttons
and assault rifles

* * *

хороші чоловіки
посіяли цю війну
доглядали її, підсапували
приносили дощ у долонях щоб не всохла
а війна росла чахленька,
слабенька
і ні сонце, ні вода, ні вогонь її не тримали
недобра війна –
подумали чоловіки
іншого року посадимо тут не війну
а грушу

War

A few honourable men sowed this war
and then looked after it,
fertilised it, brought rainwater
in the palms of their hands
to prevent it from withering away
but the war still grew weak and wilted
so sunshine, water and fire couldn't prop it up
the war didn't turn out good—thought the men
of another year—
let's plant here, instead of the war,
a pear

Кордон

Юлія Мусаковська
Julia Musakovska

Julia Musakovska was born in Lviv in 1982. Having graduated from the National University of Lviv, where she studied international relations, she has since been working in marketing and PR. She has published three collections of poems, *Exhaling, Inhaling* (2010), *Masks* (2011) and *Hunting the Silence* (2014). She also translates poetry from Swedish, and has published her translations from Tomas Tranströmer. In 2010, she won the Smoloskip Poetry Award.

* * *

покинута хата
похилена
без вікон без дверей
без царя в голові
ошкірилась беззубим ротом

зірвало дах
порожнеча пройшла навиліт

у кожного є хтось
у кущів навколишніх – равлики
у каменя – мох
у неї – нікого

але вона ще тримається
поволі вгрузає в землю
вертається
до землі

в глибину
де ще гупає серце
значить є хтось живий

Cabin

an abandoned cabin
with no windows or doors
lopsided
mindless
displaying its toothless grin

the roof has been blown off
emptiness seeped right through it

everything has something connected to it
nearby shrubs have snails
rocks have moss
the cabin has nothing

but it's holding on
slowly sinking
into the ground
returning to the depths

where the heart is still thumping
which means
there is someone still alive

*   *   *

що у твоїй тривожній валізі – питають мене
як це – ти ще не склала свою тривожну валізу
як же я маю знати що в ній якщо я не
відчувала раніше тривоги такої пронизливої
похапцем надолужую – що ж я візьму собі
щітку стару до волосся дірку в голові ягідні плями
на майці дитячій
Любельщина Кавказ і Сибір –
зіткнення у Львові скручене дротом пістрявим
що мені замість жил
що пружинить всередині
вживлене в землю коріння не відпускає тягне
глибоко
речі з рук випадають – руки мамо діряві мої
ось обірветься цей дріт – і мене не стане
нащо валіза ця кілька вицвілих фотографій
аби діти могли розрізняти свій голос крові
ліки вода ксерокопії документів радіо
в якому ледве жевріє
ледве дихає
рок-н-рол

Emergency Bag

what's in your emergency bag they ask me
how can it be that you haven't packed it yet?
but how can I be sure what to put in it
if I never was so anxious before?
now I am hastily catching up – what to take with me?
an old hair brush a hole in my head
a child's T-shirt stained with berry juice
Lubelskie the Caucasus and Siberia
they all clash in Lviv wrapped up in motley wire
the analogue of my tendons
and of a spring inside me
the roots buried in the ground
won't let go of me, pull me down
things slip out of my hands: they are all thumbs mother
if this wire breaks I will cease to exist
a few faded photos won't take too much space
they'll help the children to discern the voice of the blood
also medicines water photocopies of documents
and a radio in which
lukewarm rock 'n' roll
is barely breathing

*   *   *

Сталеві метелики в животі, крила гострі та вправні.
Згоріли човни – доведеться долати цю ніч уплав.
Говорять у темряві руки, слова – протяжні мусони.
Згоріли човни – доведеться ковтати в'язке безсоння.
Говорять у темряві руки солоні, у шепіт грають:
до берега ранку нам не дістатись без ран, без втрат.
Під спів неминучості руки танцюють
                                    розпачно й ніжно.
Танцюють метелики в животі, тонке мереживо ріжуть.

Steel Butterflies

There're steel butterflies in the stomach,
                        their wings sharp and agile.
All boats burnt out; we have to swim across this night.
In darkness hands talk, their words are
                        like lingering monsoons.
All boats burnt out; we have to swallow
                        tenacious insomnia.
In darkness hands talk, salty, engaged in whisper play:
we won't reach the morning shore without wounds,
                        without losses.
Hands dance to the inevitability song,
                        frantically and gently.
Butterflies dance in the stomach cutting the thin lace.

*　*　*

Поки ми спали, сніг підкрався і вистрілив.
Застелив неминучістю всі дороги,
склеїв повіки чимось терпким і вистояним,
аби в будинку для двох оселилось троє.
Хто це залишив сліди вологі на килимі –
відбитки не людські, не звірині наче;
під колискову вітру, що тихо квилить,
хто в закапелку тривогу забуту няньчить?
Скільки нас? Ми подвоїлись, розділилися
на відображення, тіні, нове й старе.
Сніг на підлозі розкинувся горілиць.
Чутно – тріщать будинкові шви і ребра.
Все, що постало з землі, вертається в землю.
Звук проминання, здається, дістав до серця.
Сніг звиває кубло з пожовклих газет –
от піди й вижени звідси його тепер.
Сніг клубочиться на стелі, вповзає в ніздрі,
стіни зникають, холод сичить розгнівано.
Нас над землею несе – не дивися вниз.
Ми втрачаємо колір, стаємо снігом.

Snow

While we were sleeping, snow crept up and pounced on us.
It strewed all the roads with inevitably;
it glued our eyelids together with some tart infusion,
so three persons could move into the house for two.
Who has left wet footprints on the carpet?
Neither human nor beast…
The wind was singing us a lullaby or moaning quietly
in some cranny, nursing its forgotten anxiety.
How many of us were there? We redoubled and then
split into reflections, into shadows, into the new and the old.
Snow spread out on the floor, face up.
One could hear the cracking of the house's seams and ribs.
All that has come from the soil must return to the soil.
The sound in passing seems to have reached the heart.
Snow builds a nest out of yellowed newspapers –
try to kick it out now.
Snow swirls on the ceiling and gets into our nostrils,
walls disappear, the chill hisses angrily.
We are flown above the ground, and we mustn't look down.
We are off colour; we turn into snow.

* * *

Під повіками в тебе темрява. Вороння.
Ні вогню, ані снігу. І вітер на гіллі стрибає.
Крига скресла у небі,
а місяць – то човен рибалки.
Ми замерзли зсередини. Зовні – глуха броня.
Під повіками в тебе свята висота й глибінь.
Неозпізнаний шлях до заледве відомого Бога.
Спільний ворог, а в нього – вогка і безсила тривога,
і остання хвилина,
яка не належить тобі.
Притискаємось ближче – гляди й спалахне береста.
На повіках невидиме золото потемніло.
І десятками стріл проростають ліси крізь тіло,
і глибоко в землі озивається серцебиття.

Darkness

You have darkness under your eyelids. The darkness
of crows. No fire, no snow,
and the wind hops from branch to branch.
Ice floes shift in the sky,
and the crescent is a fishing boat.
We're frozen inside. On the outside there's sturdy armour.
You have holy heights and depths under your eyelids.
An obscure way to barely known God.
A common enemy, with his moist and feeble anxiety,
and the last minute
that does not belong to you.
We nestle closer; the birch bark may ignite any
                            moment now.
The invisible gold on the eyelids has grown dim.
And the forests sprout through the body
                            like dozens of arrows,
and the heartbeat echoes deep under the ground.

Кордон

Їван Непокора
Ivan Nepokora

Ivan Nepokora (Ivan Krychfalushiy) was born in Krichevo near Tiachiv, Zakarpattia province, Ukraine, in 1991. In 2004, his family emigrated to Toronto, and now he divides his time between Toronto and Lviv working as a literary translator. His debut collection, *Songs for O.,* appeared in 2014. He has also published his translations of Muriel Spark's novel *Aiding and Abetting* and of plays by Harold Pinter and Tom Stoppard.

остаточні речі

65 сторінок розпачу
дві нічим не подібні історії сукні
два сни – дві мандрівки туди
де бога вже немає
дві жінки
що голосять на роздоріжжі
два дощі
що почалися десь під землею
ще до того як ти прийшла

і тепер запитуєш
чим є насправді вірш?

два пропущених дзвінки
два втрачених
бо ненаписаних листи
просять не згадувати
не проказувати вголос

двоє покійників сняться мені
один просить сказати
тутешню адресу
інший оплачує все випите мною

Final Things

65 pages of desperation
two dissimilar stories of clothes
two dreams – two journeys to the land
that God has left for good
two women
wailing at crossroads
two rains
that have started somewhere under the ground
even before you came along

and now you're asking
what really constitutes a poem

two missed calls
two lost or rather
unwritten letters
I am being asked to forget about them
not to read them aloud

in my dream, two deceased persons
one inquires about
my postal address
the other pays for all my drinks

Кордон

і ти
по коліна у воді
зрад і сумнівів
чекаєш на відповідь

дві незавершені п'єси
котрі хотіли мати спільну кінцівку
дві мови
котрі мали бути домівкою
дві тебе

і перша є рятунком
а друга смертю

and you
water up to your knees
the water of disloyalties and doubts
you're expecting an answer

two unfinished pieces
that strive for identical endings
two languages
that were supposed to become
your home

the first of them, salvation
the second, death

Пісні на осінь

і як їй потім то все поясню?
як пояснити
що
буває осінь
буває потяги спізнюються

коханці вирішують взяти шлюб
вороги
за для спільного зиску
ідуть на компроміси

синоптики виявляється помилилися
і те
що мжичить
і те
що туман
так і повинно бути

як пояснити
що
немає випадкової любові

є
випадковий секс
випадкові знайомства
випадкова музика

From Autumn Songs

so how can I explain it all to her?
how can one explain
that autumn
happens
that trains get delayed

lovers decide to get married
enemies
come to a compromise
that benefits both parties involved

weathermen get it all wrong
and then
it rains
and then
fog covers everything
as it should be

how to explain
that there's no such thing
as casual love

there's
casual sex
casual dating
casual music

але не любові
ні в кого
ніколи

як
як їй пояснити
що
інколи дощ якось зненацька
інколи джаз якось аж наскрізь
а любов
інколи і якось
назавжди

but not love
it happens to no one
ever

how
how can I explain to her
that sometimes
sudden rain falls
sometimes you get soaked with jazz
and love sometimes
arrives purely by chance
but stays forever

*　*　*

тепер нам нікуди від себе не подітися
всі філософії самості заходяться реготом
знаходяться за стома ключами божевілень
вірші бунтують проголошують незалежність
від мене й себе самих
стають автономними державами
й ревно платять тобі мито
все втрачено
природа робить кола
людина імітуючи її коїть квадрати
тобто якісь рідко усвідомлені дзвони кличі
автобуси
що перевозять в'язнів
зустрічають самих себе
десь на виїзді з міста
й розпачно голосять
зрештою вірші як і ти
завжди щось недоговорюють
щоправда
тобі це личить а їм ще більше

Unshielded

we have nowhere to hide from ourselves now
all the philosophers of self-sufficiency, kept in a bedlam
under lock and key, burst into laughter
poems revolt, declare independence
from me and from themselves
and become independent states
which pay a toll to you
all is lost
nature moves in circles
man, imitating it, creates rectangles
rarely aware that there are bells
calling out for the buses
that transport prisoners
they encounter themselves
on the outskirts of the city
and yell desperately
after all, poems always hold something back
and you do the same
truth to tell, it befits you
but it befits them even more

* * *

підходити до незнайомих людей
на вулиці й запитувати
коли ті востаннє плакали:
що за бешкети!

запитуєш
чи дадуть нам візу до сусідньої кімнати?
чи можливо спинити наступ
нової марки кедів на наше місто?

хіба я знаю

хтось увімкнув світло
і чоловік який нам здавався деревом
виявився жінкою
і каже
що справжніми були тільки стільці та афіша –
решту вигадано

що аби не виставити себе знову на посміховище
нам не залишається нічого кращого
як одягнути фіолетові піджаки
підвестися та першими зааплодувати
хоч минулого разу це нас і видало

Follies

approaching strangers
in the street and asking them
when they last cried –
what a folly!

you ask
if we can get visas for the next room
or if it's possible to stop the advance
of a new brand of sneakers into our city

how do I know?

someone turned on the light
and the man who we thought to be a tree
turned out to be a woman
who said
that only the posters and chairs were real –
all the other things were imaginary

and so to avoid becoming laughing stocks again
we have no better option than
putting on our purple jackets
standing up and being the first to applaud
although this gave us away last time

* * *

де би ще нам було так добре
як є нам тут?
ув одному спальнику на підлозі
знову в чужому помешканні?
за товстою немов злива стіною
за якою
так собі безпечно
могли би торкатися одне одного?
так повільно мовчати
так несподівано
сміятися
щоб тільки руками
тільки очима?
на якій іще підлозі
було би аж настільки радісно
й високо
нашим
полохливим тіням?
де би нам ще дозволили
так потайки виповідати
на вухо
себе одне одному?

Alone Together

where else would we feel as good
as here
inside a sleeping bag on the floor?
once again in somebody else's house
behind the walls thick as a lashing rain
where it is safe
to touch each other
to embrace slow silence
to laugh
so suddenly
that only arms and eyes
betray it
on which other floor
our fearful shadows
would have high hopes
or experience
so much joy?
where else would we be allowed
to impart our secrets
to each other
in our ears?

Кордон

Олег Романенко
Oleh Romanenko

Oleh Romanenko was born in 1979 in Suma, Ukraine. Having graduated from Suma Educational University, where he studies the Ukrainian language and literature, he worked as a PR manager, as a literary editor and as a proofreader. He has published three collections of his poems: *Abstinence* (2003), *Crime and Punishment* (2004), *Substances* (2008) and a collection of his short stories titled *Kaleidoscope* (2010). In 2002, he was the recipient of the B. I. Antonich Award.

Кордон

* * *

наші фотографії
мало чим відрізняються
одна від одної

якщо їх дуже збільшити
вони стануть
майже ідентичними –

на них будуть лише
кольорові зерна
залиті молочною порожнечею

власне так воно і є насправді
але вже іде той на кого ми не гідні
навести об'єктиви своїх апаратів

Zooming In

our photographs
don't differ
much

if you zoom in
they will become
almost identical:

in each you will see
grains filled with
milk-coloured void

it's actually true but here comes
someone at whom we do not deserve to aim
the lenses of our cameras

*   *   *

В тебе сукня кольору неба
нічного
та ні місяця ні зірок
чи буває так
щоб нічого?
чи існує насправді
рок?
чи існує насправді лихо?
спитай
у свого вандала
він розкаже тобі
не існує
не існує бо вже
існувало.

Nothingness

Your dress is the colour of
the night sky
there's no crescent no stars
can there be such thing
as nothingness?
does destiny really exist?
or a natural disaster?
ask your local vandal
he'll tell you
there are no such things
they don't exist
simply because they already
existed

* * *

Засинаю й чую:
пацюки
на горищі бігають, як коні.
У сон пірнаю, але слухаю-таки,
як сльози сохнуть на подушці і долонях.
І знов питаю:
дні минулі де ті?
В яких світах від мене їх заховано?
А пацюків немає,
бо там поверх –
третій –
будинку п'ятиповерхового.

[As I Fall Asleep]

As I fall asleep I hear
rats running around the attic
like fast horses.
I plunge into a dream, but still
can hear tears drying on my pillow
and on my palms.
And yet again I ask myself:
where are the days of the past?
In which worlds are they hiding from me?
And there are no rats there,
as it is the third floor
of a five-storey building.

*   *   *

мене часто питають як здогадались
про те що вона померла

а просто її душа
вешталася по місту
стукала
до чужих людей у двері знаючи пароль
і одразу проходила крізь них
і дивилась
на обличчя того хто біжить відчиняти
а коли відчиняли то вона
вже поспішала у інше місце
щоби знову насолодитись
щасливим обличчям

мене часто питають як…

[They Often Ask Me How]

They often ask me how I guessed
that she had died

It was just that her soul
wandered around the city
knocking on strangers' doors
and—knowing the access code—
instantly slipped through them
and looked at the faces
of those who answered the door
and the moment the door was ajar
it hurried to the next house
to enjoy seeing
a happy face again

They often ask me how…

*　*　*

але я знав людину він був володар пустелі
навіть не пустелі а просто якоїсь пустки
там не було ні оаз ні нафти і нікого живого
і мертвих також там не було майже тисячу років
а хтось прийшов і загарбав оте його королівство
де не було нікого й нічого чим можна володіти
і так відібрали в нього єдину його владу:
не пускати в свою пустелю ні живих ані мертвих

Desert

I once knew the man who owned a desert
it wasn't even a desert, just some kind of wasteland
there wasn't any oasis or oil, neither a living

                             or a dead soul

could be found there for almost a thousand years
but then somebody turned up and occupied that kingdom
where there was nothing to possess
and so the man was deprived of the only power he had:
to stop anybody from getting into his desert, dead or alive

Кордон

* * *

чим красивіша радість
зсередини
тим потворніша
вона ззовні
це доля вигнанця коли
помираєш від передозу
панацеї яку так довго шукав
а її ж насправді невичерпно
а вона ж насправді скрізь
а ніхто ж не любить любові чужої
ніхто не любить смерті чужої
тому і своєї

Joy

the more beautiful joy is
from the outside
the uglier it looks
from the inside
it is an exile's fate
to die of an overdose
of a long-sought-after panacea
which is unlimited in supply
as it can be found everywhere
and no one rejoices at other people's love
no one rejoices at other people's death
thinking of their own

Кордон

Остап Сливинський
Ostap Slyvynsky

Ostap Slyvynsky was born in 1978 in Lviv, where he still lives. Having graduated from Lviv University, he now teaches the Polish language and literature there. He has published four collections of his poetry including *Driven by Fire* (2009) and *Adam* (2012). His collections have also been published in translation into German, Slovakian and Russian. In his turn, he has translated poetry from Polish and other Slavic languages. He was the recipient of the B. I. Antonic Prize (1997) and of the Hubert Burda Award for young poets from Eastern Europe (2009).

* * *

Щось таке почорніле,
трохи більше за дитячу долоню. Ніби
обрамлення для якогось
дрібного життя.
Я довго дивлюсь,
аж доки впізнаю її – так, це праща! Каштанова
праща, єдина річ, яку батько
зробив для мене,
коли я вечорами боявся ходити повз ліс.
Моя перша й остання зброя,
яку я місяцями грів у спітнілій кишені.
«На, – сказав батько. –
Носи, доки перестанеш боятися.
А потім не викидай, заховай десь». Пращо,
скажи, ти прийшла, бо впізнала мене?
Ти вчула мене за якось нашою єдиною
спільністю? Внюшила мене, як покинутий пес,
що плентається позаду, навчений охороняти?
Так, мені знов страшно, пращо.

The Sling

Something dark, slightly bigger
that a child's hand. Resembles
a frame for somebody's petty life.
I examine it for quite some time,
but then realise that I already know what it is –
a sling! A chestnut sling, the only thing my father
made for me, as I was afraid
to walk through the forest at night.
My first and only weapon
that I was warming for months in my sweaty pocket.
"Here" my father said.
"Carry it while you're still afraid.
And even when you are not, don't throw it away,
hide it somewhere safe."
Tell me, sling, did you turn up because you
recognised me? Felt that we had had a common
past? Sniffed me out like an abandoned dog
that drags behind you, trained to protect?
Yes, sling, I am scared again.

1918

Навіть від розривної кулі,
буває, лишається тільки цятка.
От і з тієї війни пам'ятаю лише,
як в один із останніх днів
кінь
випав на закруті із платформи
вузькоколійки, і не було
кому по нього вертатися, не було кому
забрати його з-під насипу,
малі годували його травою,
а він лежав
із поламаними ногами і матовим оком,
чорний-чорний,
як знак, що ним ніч, відступаючи,
мітила шлях для ночі,
що мала прийти за нею.

1918

What's left of an explosive bullet
is sometimes no more than a speck.
What I can recall about that war
is a horse
that fell out of a railway carriage
on a bend of the narrow gauge
just before the fighting ceased.
No one would return for him, no one
would pick him up from the embankment.
Children fed him with grass,
and he was just lying there,
legs broken, eyes hazy,
skin pitch black
like a sign that the night,
retreating, left for the night
which was about to come.

Щось постійно горіло попереду

Щось постійно горіло попереду –
не орієнтир,
не знак заблуканих,
не багаття, не знак остороги,
нічиє житло, нічиї
полювання чи війна, що спинилися
тут назавжди,
не людина, не звір,
не сухе дерево, що впало у своє
чистилище,
невідступне, як душа світила, не
наказ і не допомога,
щось
солідарне з нами в безвиході,
безутішне, коли нам безутішно,
спокійне, коли
миримося з утратою.
Однакове в час війни і час миру,
глухе до прохань, але стривожене, коли
мовчимо надто довго. Однакове
для королів кварталу
і тих, кого женуть сходами.
Короткозоре і чуйне,
ніби мати в глибокій старості.
І не надія, бо
буває так, що немає надії,
а воно – є.

Something was Burning

Something was burning ahead of us –
not a landmark,
not a missing person's poster,
not a bonfire, not a warning sign,
not somebody's house, not
a hunt or a war
that is settled here forever,
not a man, not a beast,
not a dried tree that found its
purgatory, unreachable
like the soul of a shining star,
neither an order nor assistance
but something that displays
solidarity with us when we are in despair,
something inconsolable when we cannot be comforted,
and calm when we
accept our loss.
It is the same in a time of war or peace,
deaf to our prayers but becoming alarmed
when we remain silent for too long. Same
for the kings of the street
and for those who get chased down the stairs.
Short-sighted and responsive,
it is good to have when you're old.
And it isn't hope, because
it sometimes happens that hope isn't there
but this thing is.

Арза

– Скажи, ти щасливий?

Мені захотілось сказати «так», і я сказав: «Так,
я щасливий».
А вона:
– Ти кажеш так, бо твоє серце спить.
А скажи, ти маєш надію?

Мені захотілось сказати «так», і я сказав: «Так,
я маю надію».
А вона:
– Так каже той, для того надія ніколи не була
єдиним домом.
А скажи, ти прийдеш до мене?

Мені захотілось сказати «так», і я сказав: «Так,
Арзо, я прийду до тебе».
– Коли йтимеш до мене, можеш удома лишити руки,
бо руки твої, бачу, вміють робити лише слова.

Arza

"Tell me, are you happy?"

I wanted to say yes, and I said,
"Yes, I'm happy."
And she replied: "You are saying this
because your heart is asleep.
Now tell me, do you have hope?"

I wanted to say yes, and I said,
"Yes, I have hope."
And she replied:
"One can only say such thing if hope
has never been his only dwelling.
Now tell me, will you come to me?"

I wanted to say yes, and I said,
"Yes, Arza, I will come to you."
"When you visit, you may leave your hands at home,
as the only thing they can make is words."

Йона

Темніє, в подвір'ї підлітки
тримаються за руки, міцно і сторожко,
ніби земля вже колись дихнула під ними, й тепер
може дихнути знов.

У них добре наоливлені м'язи,
розігріті зіниці. Їхня шкіра горить крізь одяг, вогонь
хитає шматок цегляної стіни,
тіні високих дерев. Їхня легенда. Світіння
дзеркальця, у якому пробігає втікач, нібито Йона.

Неправда.
Вгорі, кількома поверхами вище, на хребті
неприбраної постелі – я бачу –
його тіло лежить, мовчазне
і порожнє, ніби мішковий прапор.

Jonah

It's getting dark. Teens in the yard
are holding hands, firmly and gently,
as if the earth has sighed for them one day, and now
can breathe again.

They have nice shiny muscles and
heated pupils. Their skin burns through their clothes,
the fire stirs a piece of the clay wall
and the shadows of tall trees. This is their legend.
Bright is the mirror, across which a fugitive runs,
supposedly Jonah.

But this isn't true.
Upstairs, several floors above, I see
his body lying silently
upon the hills of his unmade bed,
empty as a sack flag.

*   *   *

Хтось, Алінко,
видає нам життя, як підручник.
Нуднуватий, обов'язковий. Ми
гортаємо його швидко,
не більше, ніж
два-три слова підкресливши нігтем,
а частіше – б'ємо ним чи затуляємось
від удару.
Буває, відходячи,
обертаємось і вставляємо його
у щілину дверей,
що мали б уже зачинитися
за спиною: ось
моє життя, ось – твоє життя,
летять, ніби дві бабки, зчеплені у повітрі,
безглузді, безпам'ятні, з однією на двох
мертвою головою.

Textbook

You know, Alinka, somebody
gives us life as they hand out a textbook.
Boring but obligatory. We
leaf through it swiftly,
marking two or three words
with a fingernail.
More often we hit someone with it,
or use it to shield ourselves from a blow.
Sometimes we turn around
as we leave
and insert it between the twin doors
that otherwise would have shut
behind us: here's
my life – and there's yours;
they fly like two dragonflies linked in the air,
senseless, forgetful, with just one dead head
between them.

Кордон

Юлия Стахівська
Julia Stakhivska

Julia Stakhivska was born in Zhytomyr, Ukraine in 1985 and now lives in Kyiv. She was trained as a visual artist before studying the Ukrainian language and literature at Ostroh Academy and at National University of Kyiv-Mohyla Academy. She has published three collections of poetry, *The Ovary of Thoughts* (2003), *Little Red Man* (2009) and *Verde* (2015), as well as her translations from Czesław Miłosz. She co-edited *The Anthology of Ukrainian Avant-Garde Poetry (1910-1030)* with Oleh Kotsarev (2014). In 2008, she won the Smoloskip award.

Ніч лагідна

Ніч підбита жовтим атласом ліхтарів.
Їх поставили на місці старих дерев, і тепер
можна подумати: це і є їхнє потойбічне життя –
переганяти соки струмів,
зрідка поскрипувати і збирати навколо комашню,
з розгону вдарятися світляним шершнем
у наші зелені вікна
і падати на підвіконня ледь живим.
Уночі всі тіла нарощують перламутр і тужавіють,
щоб заховатись у скойці, мов у труні.
День подібний до мілководдя із пустими
черепашками на піску.

Tender is the Night

The night is lined with yellow lantern satin.
The lanterns have replaced old trees, and now
one might think this is their afterlife:
distilling juices of electric currents,
occasionally creaking and gathering together local ants,
throwing themselves against our green window-panes
at full speed, like phosphoric hornets,
and then dropping onto the sills, barely alive.
At night all the bodies tighten up and grow nacre,
so they can hide in their shells, like inside a coffin.
The day resembles shallow water,
with empty turtle shields in the sand.

Кільця

Чи дерево стомлюється рости?
Чи йому набридає гнатись униз,
сутужно роздувати акордеон свого віття,
ладнати гнізда птахам,
ломитись, падати і гнутись у бурю?

Голосно цвісти, як уміє, і мовчки впускати листки?
Займатися фотосинтезом і трепетати?
Анішелеснути?
Виношувати плоди без жодного свого
дерев'яного гонору?
Всихати?
Мати вічний спокій під надгробком пенька?

Над тим зозуля подумала, пролітаючи.

Rings

Is the tree fed up with growing?
Is it tired of leaning down,
of pushing and pulling the accordion of its branches,
of adjusting birds' nests,
of splitting, falling and bending during a storm?

Is it tired of blooming loudly, to the best of its ability,
of growing leaves in silence,
of conducting photosynthesis, of trembling,
of not trembling,
of bearing fruit despite its wooden
sense of honour,
of shrinking,
of resting in peace under the tombstone of a stump?

What a cuckoo thought as it was flying overhead…

Дім

Цей будинок із червоної цегли стоїть над рікою.
Дрібна жорства доріжки обіймає клин трави,
    як і ти мене –
так округлюється в птиці дня жовток світла.

По хребту бібліотеки пробігає трем вітру,
сторінки гойдаються, наче несказані слова,
на животі столу у пуповині тарілки – маслини.

Уже скоро впадуть заслони, і чорнильна
    каракатиця ночі
випустить на нас хмару ілюзій.
А там не буде вже нічого – самі лише дотики літер.

Home

This red-brick building is towering above the river.
The narrow gravel path embraces the wedge
of the lawn like you embrace me –
the yolk of light acquires round shape
inside the bird of the day.

A shivering wind runs along the spine of the library;
pages wobble like unspoken words, and there are olives
in the umbilical cord of the dish on the table's abdomen.

The barriers will soon fall, and the ink-black
cuttlefish of the night will enshroud us
in a cloud of illusions.
And then there will be nothing left
but the touch of letters.

Лінія

Кожен може бачити, як із дна власних облич
підіймаються постраждалі.
Замулені субмарини батьків із мідіями очей,
іржавими бровами деталей.

Берегова лінія – сон – межа піни й каміння
снується по скелях і зривається вниз
раптово… й до непристойності рівно.

І дійсність тоді набирає ознак закритості
оранжерейної зали,
де можна ліану страждання ростить
на втіху в старій порцеляні.

Де устями рук, як зап'ястями рік,
ступають розкішного смутку пави
і усміх себе видає, мов лук,
стрілою лукавою.

Coastline

Everyone can see the victims rising from the bottom
of their faces.
The parents' submarines are stained with silt;
they have mussel-like eyes and rusty eyebrows.

The coastline... a dream... the edge of foam
moves up the rocks and falls down suddenly
along an embarrassingly straight line.

And then reality begins to resemble
a locked greenhouse
where one can grow the vine of suffering
in an old porcelain pot;

where magnificent peacocks of sorrow strut
into the harbours of hands and the wrists of rivers,
and a smile betrays itself like a bow
that launches a playful arrow.

Орфей

Очі мої засипає пісок світання.
І важко зрозуміти, чи пагорб п'яти реальний,
чи майнула біла лань литки.

Орфей скликає істот, як уміє:
інколи це буває блюз –
так багато у його звуках води,
інколи блискуче лезо металу –
тоді кроти зариваються далі –
така сила у цій глибині.

Нехай кожен буде тим, чиє серце у ньому, –
сказано нам якогось погідного полудня,
коли лисиця радіє своїй хитрій шубці
і миша тремтить, наче драже.

А він сидить зовсім неприкаяний
від ваги сердець у собі,
мов каміння в потоці.

Orpheus

Dawn sand gets into my eyes, and I can't figure out
whether the hill of a heel is real or it was
the white llama of a leg that flashed in the distance.

Orpheus convenes the creatures as best he can:
sometimes with the blues—
so much water saturates his sounds—
sometimes with a shining metallic blade,
and then moles burrow further:
there's such a powerful force in this depth.

"Let each of us be the one whose heart he owns,"
we heard one fine afternoon
when a fox admired its sly fur coat
and a mouse shook like a jelly bean.

And now he is sitting like a lost soul
overwhelmed with the weight of the hearts
inside him, stones in the stream.

Кордон

Христя Венгринюк
Khrystia Vengryniuk

Khrystia (Christina) **Vengryniuk** was born in 1987 in Chernivtsi, Ukraine. Having graduated from Chernivtsi National University, where she studied Ukrainian literature, she co-founded the Black Sheep publishing house specialising in childeren's books. She is also an art teacher and the artistic director of the Meridian Chernivtsi International Poetry Festival, which showcases young poets from all over the world. Having published two books of her stories and essays in 2005 and 2006, she went on to publish the first collection of her poems titled *God in the Wall* (2008), followed by her second, *Long Eyes* (2013; bilingual Ukrainian/Polish). Her next collection, *Poems about My Old White Drake*, is forthcoming at the end of 2017. Her novel titled *An American Farm* appeared in 2013.

OOO 215

На дахах живут кози
І чіпляють своїми рогами небо
Воно наколюється на них
І чорніє
Наливається синцями і болем
А потім плаче на нас з тобою,
Бо ми їх там посадили
І забули зібрати
Як зійшли вони молоком і кров'ю

OOO 215

Goats live on the roofs;
Their horns catch on the sky.
It pricks itself on them,
And darkens; it bruises
And fills with pain.
And then it begins to shed tears on you and me,
As it was us who placed those goats there
And forgot to pick them up
When they were oozing milk and blood.

OOO 274

Дні з тобою закінчуються
І я закінчуюся.
У цієї смерті було стільки любові,
Що вона народила.
Тепер я знаю як це,
Коли ніч не приходить.
Просто тепло і світло
[Як в зіницях].
Я полюбила тебе більше,
Ніж Бог Баха і Босха.
І лягла в твоє тім'я,
Як жінка пророча
З диким яблуком в роті.

OOO 274

Days spent with you are coming to an end,
And I am coming to an end, too.
There was so much love in this death
That it managed to give birth.
Now I know how it feels
When night never arrives:
It is warm and bright there
[Like inside the pupils].
I adored you more
Than God adores Bach and Bosch.
And I found room for myself inside your head
Like the prophesier
With a wild apple in her mouth.

ООО 237

Бог зливає воду з неба,
І це єдине, що чую останні сім тижнів.
Пам'ятаю ще, ти згрібав крішки зі столу
і так тремтіли руки, наче йтимеш.
Якби знати, що своїми пальцями
Розтинатимеш небо, щоб лило ще сильніше
А разом з ним моє серце в яке увійшли
Твої слова, як входять шалені до храму
Як входять жінки і волочать кров ногами.
Як входять волхви і люди з хвостами.
Якби знати… раніше…
Що закривати очі треба лиш, коли страшно.
А коли добре, треба бачити.

OOO 237

God pours water from the sky, and this is the only thing
I've been hearing throughout the last seven weeks.
I also remember you sweeping crumbs from the table;
Your hands were trembling, as though you were
                                        about to leave.
If only I could guess that you'd open up the sky
With your fingers, so the downpour could get worse,
And open my heart that harbours your words
Like a temple harbours maniacs.
Women enter it dragging their blooded feet;
Magi enter it, and so do tailed people.
If only I knew before that I should close my eyes
Only when I'm scared. When you are fine,
You want to take a good look around.

000 263

Загубила зіницю на Лазаровім хуторі
І левам постіль віддала
У Гоморі було спати м'яко,
Наче й сон був.
Нікого на дворі, а казали…
Нікого у домі.
Лиш пам'ять плющем зав'язалась
…Проросло стіною.
Під Стіною Плачу заплачу
[Хтось у голові шаркає ногою]
Під Стіною Плачу не плачу
[Хтось у голові шаркає ногою].
Підіймаю кроки в небо.
У всіх криницях тихо.

000 263

I lost my eye's pupil at Lazarus's farm,
And I gave up my bed to lions.
In Gomorrah, I slept in a soft bed,
And a dream came to me.
No one was in the yard, contrary to what they said…
No one was in the house either.
Except for memory streams entwined like ivy.
…A wall cropped up.
At the Wailing Wall I'll cry.
[Somebody shuffles his feet inside my head]
At the Wailing Wall I won't cry.
[Somebody shuffles his feet inside my head]
I step up into the sky.
All the wells are filled with silence.

000 232

Про мого білого старого качура…

Тоді земля розкололась.
Крики і пил: одне з іншим,
Одне між іншим.
Ми не вміли більше виходити в двері.
Вікно ж засипало чимось.
Серед сірих хмар розгледіла Світло –
Його везли вантажівкою з тваринами.
Мене – з людьми.
«Не плач. Я вже все відбув. Я вже все бачив.
Я білий від старості і кокаїну.
Я білий, як гідрохінон. Я вибілений».
Не встигнувши кинути йому протигаз,
Ми віддалялися…
Вони віддалялися.
Лиш очі вперше бачила дуже чітко.
Лиш ран більше не було.
«Бо на крилах не буває стигмат» –
Востаннє своїм голосом.

[і більше нічого ніколи не було].

OOO 232

(from Poems about My Old White Drake)

And then the Earth split.
Exclamations and dust, they always come together,
Entwined.
We lost the knack of exiting through the door.
As for the window, it was covered with something.
Among the grey clouds I noticed Light,
He was driven in a cattle lorry.
I was driven in another lorry, with people.
"Don't cry. I left everything behind. I've seen it all.
I've turned white of old age and cocaine.
I am white as hydroquinone. I am blanched."
I didn't have enough time to throw him a gas mask,
As I was moving away.
And they too were moving away.
But I've seen his eyes for a moment, very clearly.
There were no wounds any more.
"Because wings can bear no stigmata"
I heard his voice for last time.

[And there was nothing ever after].

Кордон

Люба Якимчук
Lyuba Yakimchuk

Lyuba (Lyubov) **Yakimchuk** was born in Pervomaisk near Luhansk, Ukraine in 1985, and now lives in Kyiv. She studied literature at the National University of Kyiv-Mohyla Academy, and later worked as a journalist. She authored two collections of her poetry, *Fashion* (2009), which was awarded the Vassily Simonenko Prize, and *Donbas Apricots* (2015), and also wrote the script for the film *The Building of the Word*. She has accrued accolades for her poetry, including the Smoloskyp Award (2008), the B. I. Antonych Prize (2008) and the International Slavic Award for poetry (2013). Her poems have been translated into many European languages.

* * *

він каже: розбомбили школу, до якої ти ходила
він каже: їжа закінчується, грошей немає
він каже: гуманітарка з білих фур –
                                                єдине наше спасіння
він каже: гуманітарка щойно полетіла снарядами

школи немає
як це, коли, школи немає?
вона порожня, вона дірява чи її зовсім немає?
що сталося з моїм фото, що висіло на дошці пошани?
що сталося з моєю вчителькою, яка сиділа в класі?

він каже: фотографія? кому потрібна твоя фотографія?
він каже: школа розплавилася – ця зима надто гаряча
він каже: вчительку я не бачив
                                        і не проси мене дивитися
він каже: бачив твою хресну – її вже немає
тікайте
киньте все і тікайте
залиште хату, погреб з абрикосовим варенням
та рожеві хризантеми, що стоять на веранді
собак пристрельте, щоби не мучилися
кидайте цю землю, кидайте

він каже: не верзи дурниць, ми щодня
                                        кидаємо землю – на труни
він каже: усе буде добре, порятунок вже скоро
він каже: гуманітарка вже йде

He Says Everything Will Be Fine

he says: they bombed your old school
he says: food supplies are running out
                            and there's no money left
he says: the white lorries with humanitarian aid
                            are our only hope
he says: shells from the white lorries just flew overhead

there's no school any more
how can it be that there's no school?
is it empty? is it full of holes, or has it been
                            totally destroyed?
what happened to my photo hanging
                            on the roll of honour?
what happened to my teacher sitting in the classroom?

he says: photo? who gives a damn about your photo?
he says: the school has melted – this winter is too hot
he says: I haven't seen your teacher, please
                            don't ask me to look for her
he says: I saw your godmother; she's no longer with us

run away you all
drop everything and run away
leave your house, your cellar with apricot jam jars
and pink chrysanthemums on the terrace
shoot your dogs, so they don't suffer
abandon this land, just go

he says: don't talk nonsense, we throw dirt on coffins daily
he says: everything will be fine, salvation will come soon
he says: the humanitarian aid is on the way

* * *

померли дід і баба
в один день померли
в одну годину
в одну хвилину –
люди говорили, що від старості

померла їхня курка
їхня коза та їхня собака
(а кішки не було вдома)
і люди говорили, що від старості

розвалилась їхня хата
сарай став руїною
і погріб зверху присипало землею
люди говорили, що від старості розвалились
прийшли їхні діти ховати діда з бабою
Оля була вагітною
а Сергій був п'яний
а Соня мала три рочки
і вони теж померли
а люди говорили, що від старості

холодний вітер обірвав жовте листя
і поховав під ним діда, бабу, Олю, Сергія, Соню
які померли від старості

Died of Old Age

granddad and granny passed away
they died on the same day
at the same hour
at the same moment –
people said, they died of old age

their hen met its end
and so did their goat and their dog
(their cat was out)
and people said, they died of old age

their cottage fell apart
their shed turned into ruins
and the cellar got covered with dirt
people said, everything collapsed from old age
their children came to bury the granddad and granny
Olha was pregnant
Serhiy was drunk
and Sonya was only three
they all perished, too
and people said, they died of old age

the cold wind plucked yellow leaves and buried
                               beneath them
the granddad, the granny, Olha, Serhiy and Sonya
who all died of old age

Збирання

але зійде вода
і проклюнеться шурфами шахт
як химерна рослина р/ката
і вода як любов
все поглине ковтком –
щоб уламки в одне зібрати
і народить там море
нове і живе
і народить нових
проте не людей
і вони попливуть як рибини
там, де люди уже не потрібні

The Gathering

and water will come
and seep through open-pit mines
like a bizarre plant of many arms
and water—like love—
will swallow everything in a single gulp
so it can gather the debris in one place
and give birth to a sea
a new and living one
and give birth to new
people who won't be people
and they will swim like fish
where people are no longer needed

зелена куртка

зеленої куртки вже не було
на вішаку висіла тінь від неї
як хвіст молодої ящірки
поміж вишневого жакету
та синього светру
зелена-зелена тінь

а ти шукав і шукав
у шафі та за нею
у будинку і поза ним
і навіть подивився у небо
чи, бува, не пролітає там курка
тьху, куртка
кар-кар-кар
тільки чорна
і жодної зеленої
а, може, куртка – як листя –
пожовкла від осіннього холоду
і облетіла униз шафи
а потім прийшов двірник
зібгав її граблями в купку та підпалив
і тепер твоєю курткою пахне повітря
пахне двірник
пахне осінь
зеленою
зеленою
курткою

Green Jacket

the green jacket was gone
its shadow resembling a young lizard's tail
was hanging on the rack
between a cherry jacket
and a blue sweater
it was a green, green shadow

and you were searching and searching
for the jacket in the closet
in the house and outside
you even looked at the sky
to check if the chicken wasn't flying by
sorry, the jacket
caw caw caw
but there were only black ones there
and no green ones
perhaps the jacket—like leaves—
turned yellow in the autumn chill
and fell to the bottom of the closet
and then came the yard-keeper
who crumpled it, raked it into a pile
and set it on fire
and now the air smells of your jacket
and the yard-keeper
and the autumn –
they all smell of the green
green
jacket

пробіжка

для С.Б.

сьогодні о 8-й ранку, коли прокинулися
                          всі чотири вітри
я здійснив пробіжку від центру міста до свого серця
вагався: погана погода, хлюпа під адідасами
і настрій був непідйомний, як кран
того недобудованого будинку
але вирішив
але вирушив

моє серце живе на околиці,
– трохи далеко, – скажете ви
так, далеко, – скажу я
остання станція метро гілки
яка вліво розростається підземним деревом
там, прямо на ній і б'ється моє серце

біг і боявся впасти
біг і боявся пробігти –
так довго там не бував
біг і боявся розбитися
як тоді на стадіоні
коли мене збив собака
цього разу
прямо в районі серця
він мене тільки облизав
собака-сніг

Morning Run

(For S. B.)

that morning at 8am, when all the four winds woke up
I went for a run from the city centre towards my heart
I hesitated: bad weather, water squished under
                                my Adidas runners
and I was in a very indecisive mood
fluctuating like a construction crane
                                by an unfinished house
then I made up my mind
then I went for it

my heart lives in the suburbs
a bit far, you may say
a bit far, indeed, I'll reply
the last station on this tube line
which grows to the left like an underground tree
right above the rails – this is where my heart beats

as I was running I was afraid to fall
as I was running I was afraid to run past that place:
I haven't been there in a long time
as I was running I was afraid to hurt myself
like I once did in the stadium
where a dog kicked me in the heart
and knocked me off my feet
that snow dog, it only
licked me, nothing else

Із Дзеркал про Алісу

Аліса по той бік дзеркала
Алісі смішно і страшно
дороги ніби ті самі
але ведуть не вперед, а вглиб
багато речей губляться, коли раптом
                       змінюєш маршрут
багато людей губляться…
до побачення, мої любі
побачимось у дзеркалі
інша орбіта –
і кролики інші

From Alice's Mirrors

Alice on the other side of a mirror's reflection
Alice, amused and scared
roads look the same
but they lead not forward but into the depths
many things get lost after a sudden route change
many people get lost…
goodbye, my dears
see you all inside the mirror
different orbits here…
different rabbits

Кордон

Ганна Яновська
Hanna Yanovska

Hanna Yanovska was born in Kharkiv in 1980. Having graduated from Kharkiv Polytechnic Institute, where she studied the Engish language and literature, she has since been working as a literary translator. She has published two collections of her poetry, *The Big Hairy Book* (2008) and *The First of January Poems* (2011), as well as her translations of *The Collector* by John Fowles, *Schindler's List* by Thomas Keneally and poetry from New Zealand, Australia and Iceland.

Кордон

∗   ∗   ∗

дихати наче пес
    коли кожен вдих то пізнання мінливості світу
дихати мов сурмач
    наче скляр
        з кожного видиху ліплячи
            гарячу прозору форму

нарешті
    здійнявшись на пагорб найвищий
    із двокрилих легенів
        пустити на волю
            гордого хижого птаха

Breathing

breathe like a dog
  with every breath comprehending
  the fickleness of the world
breathe like a trumpeter
  like a glass-cutter
    moulding every outward breath
      into a hot transparent form

and finally
  having climbed the highest hill
    let a proud
      bird of prey
        out of your two-winged lungs

вірш у чотири пасма

слово прийде до кого схоче
а тобі випадковому свідку
є можливість лише приручити
темну тінь на освітленій стелі
що береться не знаю звідки
мабуть просто лишається з ночі
як великий нічний метелик
так буяють блакитні квіти
де торік продавали дині
так волосся на сонці яріє
і збивається в гриву гніву
так вітрами дихають мушлі
ти не відаєш власної мрії
що готова здійснитися нині
і яку ти прийняти мусиш
як вагому зелень припливу

A Four Strand Poem

A word visits whoever it wants
and you—an accidental witness—
can only tame the dark shadow
that appears on the illuminated ceiling
from heaven knows where
apparently just stays on as a remnant
of the night resembling a huge moth
in the same way blue flowers are abundant
where they were selling melons last year
in the same way hair lightens in the sun
and forms the mane of anger
in the same way shells inhale and exhale the wind
you don't know your own dream
which is about to be fulfilled any moment now
the dream you should accept
like the weighty green of the incoming tide

* * *

На будь-якій нерівній поверхні можна читати життя.
По корковому покриттю бродять малі істоти:
Люди, тварини, знаки.
І розірвані лінії є насправді далекими берегами,
Шлях до яких стережуть
неглибоко залеглі риби.
Серед дерев – як відомо, кривих здебільшого –
У мармурових жилах ховається доля.
Доки ще зберігаєш здатність
бачити знаки в хаосі,
Доти каміння метро, стіни, дешеві паласи
Можуть тобі щось сказати.
Може, це саме вони піднімають
із твоєї душі потаємні наміри?
Так само, як крізь дрімучий ліс
вибираєшся до високої білої писаниці,
Щоб прочитати оленя, човен, дитину
або те, про що не розкажеш нікому, бо так потрібно.
А поки що тебе зустрічає
мушля вихору,
вмурована у колону твоєї підземки.

Signs

One can construe life on any uneven surface.
Cork table is where small creatures roam:
people, animals, signs.
And the broken lines are, in reality, distant shores,
all approaches to which are guarded
by shallow-water fish.
In the trees—most of which are crooked, as we know—
there's destiny hidden in the marble pattern with veins.
You preserve the ability
to find some signs among chaos;
stones in the underground, walls, cheap carpets
can still tell you something.
Perhaps they reveal your true intentions
concealed at the bottom of your soul?
Making your way through the dense forest,
you arrive at white rock carvings over your head
to scrutinise a deer, a boat, a child
or something you won't tell anyone about,
because you simply can't.
In the meantime, what's awaiting you
is the shell of whirlwind
embedded in a column in the underground.

De vacuo

I порожнеча –
гулкі зали покинутих магазинів –
повниться
своїм
особливим фатальним газом.
Наче лишили відкритий кран і пішли.
Зла вона?
Добра?
Мовчить.
I з нею грифони Бекетова
із оббитими до арматури крильми,
сплутані сіткою,
на даху.
Ти не бачиш їхнього погляду звідси.
То поглянь натомість
у вічі
цьому бездомному
зі стаканчиком кави й цигаркою,
із якої
попіл сиплеться на просякнуту кров'ю холошу.

De Vacuo

...and the emptiness—
the echoing halls of the abandoned shops—
fills with
its special
gas of finitude.
As if somebody has turned the tap on and left.
Is the void evil
or good?
It remains silent.
And so do Beketov's Griffins
on the roof,
with their wings stripped to the reinforcement bars
and then secured with entangled steel nets.
You can't see their eyes from the distance.
Instead, look
in the eyes
of this homeless man
who holds a cup of coffee and a cigarette,
ashes from which
sprinkle his blood-soaked galosh.

При чому тут Прометей?
Ці грифони занадто багато знали.
Якщо сторож їх відгодує
хлібом, розмоченим у горілці,
ти побачиш, як потужним райдужним пір'ям
вибухає газ порожнечі,
якому-бо не страшне залізо.
І за склом
у порожній залі
над рідким полем битви зими і весни
повториш за мною:

Із порожнечі
кличу
Тебе…

What does Prometheus have to do with this?
These griffins knew too much.
If the caretaker nourishes them with
bread, soaked in vodka,
you'll see how the void gas,
which is not afraid of iron,
explodes
forming a sturdy iridescent feather.
And behind the glass
in an empty hall,
overseeing a liquid battlefield between winter and spring,
you'll repeat after me:

"Out of the void
I call
upon thee."

Старші брати

А ще, уявляєш, вони насправді чорні.
Тільки очі й волосся пробиваються крізь
        білу-пребілу шкіру.
У їхніх дітей і жінок коло очей вона тоншає,
           наче крига над живими коловоротами.
І прозирає темінь,
яку вони ще пам'ятають,
    бо їм очі прорізалися раніше.
Ось і тепер,
    коли пильно вдивлятись
        у позолоту фресок їхнього храму,
у візерунки, що їх вони скрізь за собою лишають,
бачиш: під ними чорне,
бачиш: під нами чорне,
бачиш: світло земне хистке,
        бо так вже задумано.
Лампа перегорить, сірники скінчаться,
        сяде акумулятор мобільного.
Що буде далі?
Світло ходить, кажуть тобі вони,
Світло ходить з тобою.
Світло ходить з тобою, немов малятко
    в торбині з безмірної хустки,
перебирає на тобі ґудзики й намиста.

Elder Brothers

Picture this: they are also black, really black.
Only their hair and eyes break through their
        lily-white skin.
As for their women and children,
        the skin around their eyes
gets thinner like ice over lively pulleys.
And darkness shows itself, which
they still remember
because their eyes have opened earlier.
And now that you
    look closely at the gilded frescoes
        in their cathedral,
    at the patterns they leave everywhere,
you see: underneath them, there's blackness;
you see: underneath us, there's blackness;
you see: earthly light is fragile
because it is meant to be like that.
The bulb burns out; you run out of matches;
your mobile phone's battery goes flat.
What will happen next?
Light moves, they say to you,
Light follows you.
Light goes where you go, like a child
in a pouch made from an enormous shawl
who counts your buttons and beads.

І якось піде саме.
Світло тікає і повертається –
якщо воно від тебе, скажуть вони.
А ти ось ллєш молоко в нашу чорну-пречорну каву,
посміхнуться вони.
А ти вкидаєш цукор і запалюєш лампу.
Ми тобі пробачаємо.

And somehow life goes on.
Light flees and returns –
if it comes from you, they say.
And now you pour milk into our pitch-black coffee,
    they smile.
And you add sugar and light the lamp.
We forgive you.

Кордон

Оксана Sфіменко
Oksana Yefimenko

Oksana Yefimenko was born in Kharkiv in 1988, and, having spent a number of years in Western Ukraine, is again based in Kharkiv. She studied applied linguistics at Karazin Kharkiv National University, and now teaches English in one of the private schools in Kharkiv. She is a member of the "Writing on Concrete Walls" group of avant-garde poets. Some of her poems and translations from English poetry appeared in the leading Ukrainian literary periodicals.

Реквіем

Свічі загораються одна за одною під льодом
і скляне знамено підняте до твоїх очей
і свічі згорають одна за одною під льодом
силуети схилені над колискою –
це тінь зимових дерев на твоїх щоках
все сказане до тебе і промовлене
забере твоє право на останній погляд
тому ступаєш на лід
і не озираєшся

Requiem

Candles are lit one by one under the ice,
and a glass banner has been raised to your eyes.
Candles burn out one by one under the ice.
Silhouettes bend over the cradle while
shadows of winter trees darken your cheeks.
All they've told you—or whispered in your ear—
will deprive you of your right to cast one last glance.
So you step on the ice
without looking back.

Третій пейзаж

Середина місяця – сивина
розбіглася по скронях вечора.
На дні скляної кулі,
що є сном чи передсонням,
квітує надостання зірка,
і здалеку помітно її
близьку, незапобіжну зніченість,
крихку іронію у сріблі трав.
Уважне око дивиться у морок,
склосонно жевріє
у паморозь небес;
в порожній колбі холоду
– сльоза.

The Third Landscape

It's the middle of the month: greyness
has receded to the temples of the evening.
At the bottom of the glass bullet
from your dreams or meditation visions,
the last star blooms.
It is noticeable from a distance,
flaccid and fragile,
resembling a delicate irony
one can find in the silver grass.
A careful eye peeps into the darkness,
its glassy glimmer warm
in the heavenly haze.
In the empty flask of cold, there's
a tear.

Липневе сонце

Під рудим котячим сонцем липня
наснився мені сон:
Ніби тінь дерева стала хлопчиком,
і крона гойдалася кучерями на голові,
Ніби тіні двох прутких жучків стали
чорними очима,
А тінь пташки лягла замість рота.
І був мені тоді
один рік, один місяць і двадцять днів.
Сьогодні рудий хвіст сонця
майнув по моїх скронях,
і я відкрила очі.
І хлопчик усміхнувся.

The July Sun

Under the red catty July sun
I dreamed a dream:
the shadow of a tree became a boy,
and the branches were swaying
like curly hair.
The shadows of two nimble bugs
were black eyes,
and a bird cast a mouth-like shadow.
That day I was but one year
one month and twenty days old.
This morning, the red tail of the sun
brushed against my temples
making me open my eyes.
And the boy smiled.

Софія

Присталий твій зір до кута,
де було твоє дзеркало,
від підлоги за голову.
Софіє… На що ти дивишся
в примарі тій, Софіє?
Шукаєш вікна в дзеркалах,
в руці монету грієш,
бо лише так ти відчуваєш
своє тепло.
Ти слухаєш, як падають предмети
за спиною,
і поки їх не бачиш,
назвати можеш будь-яким з імен.
Софіє, старість твою звати
інакше, ніж тебе.
Чи не її ім'я
в губах своїх затисла?
По волосу твоєму
вона до тебе йде,
до тебе сни ідуть,
до тебе світло перейшло.
Софіє,
на що ти дивишся,
де дзеркало було?

Sophia

Your glance is fixed
upon the corner
where a tall mirror was.
Sophia… What are you staring at
in your dream, Sophia?
Trying to locate a window in the mirror?
Warming a coin in your hand?
Because these are the only ways
you can feel your warmth.
You listen to the noise of falling objects
behind your back,
and you can call them anything
until the moment you see them.
Sophia, the autumn of your life
bears another name.
Isn't it the one that got stuck
to your lips?
Your age is catching up with you
moving along the wave of your hair.
Dreams approach you,
and light rests upon you.
But what do you see, Sophia, in that corner
where the mirror used to be?

Годинник

годинник пробив і час
вже ставати тужливим
сонце ховає себе у годинник
друг мій мовчки отирає повіки
кліпає немов щойно прокинувся
і усміхатися силиться так
ніби звук годиннику його
не торкнувся
так ніби він іще на десять
років уперед і потому забув
свої очі звести до стріл
що стромлять серце
ніби забув свої вуха
заставити чути гармати
що лучать серце
ніби він сам не знає чому
тут зі мною усі ці роки
ніби тільки прийшов
ніби час не кривавиться рясно
а я все чую і бачу все
але йому не скажу

Clocks

The clock chimed and time
has become dreary
sunshine hides inside the clock
my friend wipes his eyelids silently
blinks as though he's just woken up
and tries to smile
as if the sound
hasn't affected him
as if he's been gaining time to get
ten years ahead of us and so
forgot to look at the minute hand
that stabs a heart
forgot to make his ears
hear the guns
that shoot at the heart
as if he doesn't know exactly
why he is here with me
as if he's just arrived
as if time doesn't bleed profusely
and I can hear and see everything
but won't tell him

Кордон

Їнна Завгородня
Inna Zavhorodnya

Inna Zavhorodnya was born in 1984 in Tomakovka near Dnipro, Ukraine. She studied information science at Dnipropetrovsk National University and journalism at Moscow State University. Her poems appeared in the leading Ukrainian periodicals. Her collection titled *Trivial Things* appeared in Kyiv in 2012, and was critically acclaimed. She has been living in Germany since 2012.

*   *   *

Маєш для рим нові мелодії
Незнайомих, вперше чутих імен.
Навколо говорять чужою мовою.
І ти закохуєшся по-трохи
У це місто теплих квартир,
Переповнених книгарень,
Черг у музії,
Міста з обличчям старого рельєфу
Лева під склепінням вікна.
Ти вже знаєш, як тут буває класно.
Розчиняєшся у ліхтарному світлі,
І тонеш у цих переходах,
І не можеш їх не любити
За те, що вони частина твого життя.
Так склалося.
Чомусь хочеться вибачатися.

The City

For your rhymes you have new melodies
Of strange, unfamiliar first names.
A foreign language is spoken here,
And you fall in love just a little
With this city of warm apartments,
Crowded bookshops and
Queues in front of museums.
The city with the face of an old bas-relief lion
Hosted by the arched window.
You already know: this place is welcoming.
You dissolve in the lamplight,
And drown in underground passes,
And you can't help loving them
Because they are a part of your life.
This is the way it happened.
For some reason, I want to apologise.

П'ятниця

Грішникам усього тільки й лишається що каятись
це їхня єдина дорога
якою їх веде проведіння
будь-яка дорога буде цією єдиною
і буде вона мукою і мученням

Мабуть Іуда так само сто разів перевдягався
стояв перед дзеркалом
і дивився на нього
собі не подобаючись

щось не те із цими сережками
ця куртка не пасує
щось не те із цим обличчям
ці губи надто бліді
щось не те із цією душею

Мабуть Іуда так само спізнювався на роботу
стояв на балконі
обмацуючи власні думки
їх не впізнаючи

щось не те із цими думками
щось не те із цією п'ятницею

Friday

Sinners are left with no choice but to repent
this is the path divine intent
has chosen for them
any other path will become that one
and there shall be anguish and torment along the way

Perhaps Judas changed his attire a hundred times
he stood before the mirrors
looking at himself
and didn't like the way he looked

something wasn't right with his earrings
the jacket didn't fit
something was wrong with his face
his lips were too pale
something wasn't right with his soul

Perhaps Judas was late for work
he was standing on the balcony
weighing his thoughts
rather unfamiliar ones

something was wrong with his thoughts
something was wrong with that Friday

* * *

Коли маєш помешкання,
мабуть, приємно його залишати.
Не приходити ночувати.
Їхати з міста, із країни.
Давати від нього ключі
близьким і далеким.
Дивитись на вікна з вулиці,
намагаючись когось у них розгледіти.

Радіти, що двері радіють,
що ти повертаєшся.

Таке незрадливе чекання
пів'яблука на столі.

Apartment

If you own an apartment,
leaving it is fun.
Not staying overnight.
Getting out of the city, out of the country.
Giving the keys
to relatives and acquaintances.
Looking through the windows from the outside
trying to discern somebody's silhouette.

Rejoicing at the doors being glad
that you're back.

Half an apple on the table
waiting in readiness…

Схованки

Як добре, що є ця весняна зима.
Бентежно тихо надворі.
На тополях грона граків розцвіли,
щоб до ранку впасти за обрій.
Щось шукаю. Я стала дитиною.
Бреду берегами проталин,
плету у косу виноградну лозу,
жену обійми обставин.
Електричне світло робить вечір синім.
Вітер лоскоче білизну.
Причаїлась за рогом будинку.
Визираю – нікого немає.

Hiding Places

It's good that we are having such a spring-like winter.
The street is quiet in an exciting way.
Clusters of rooks bloom in poplars;
soon they will drop behind the morning horizon.
I am seeking for something. I am a child again,
and I ramble along the edges of thawed patches
braiding vines and rejecting
the embrace of the circumstances.
The electric light tinges the evening with blue.
The wind tickles my washing.
I am hiding around the corner.
When I look, nothing is there.

*   *   *

Запах спаленого міста – не пригадуй,
не згадуй про це.
Все непроговорене відчувається.
Усе померле – проростає.
Почути можна.
Пробачити теж.
Але ніхто не просить пробачення.

Ніхто не промовляє.
Мовчання читається, відчитується.
Я не можу цього пам'ятати.
Але я пам'ятаю.

What Had to be Forgotten

The smell of the burned city – don't call it back
to mind, don't mention it.
All the unmentioned can be heard.
All that has died germinates.
You can hear it
and forgive it, too.
But no one asks for forgiveness.

No one speaks.
Silence can be felt, it's in the air.
I can't possibly remember it;
yet I do remember.

Кордон

Сергій Жадан
Serhiy Zhadan

Serhiy Zhadan is a poet, a novelist, an essayist and a translator. Born in 1974 in Starobelsk near Luhansk, Ukraine, he graduated from Kharkiv National Pedagogical University in 1996. He holds a PhD in Philology. From 2000 to 2004 he worked as a lecturer for the Department of Ukrainian and World Literature of the same university. Since 2004 he has been writing full time. Zhadan has published several novels and more than a dozen books of poetry, some of which have been translated into the main European languages. The English translation of his novel titled *Depeche Mode* has been published by Glagoslav in 2013. In 2016, Zhadan was the recipient of the President's Literary Award. He lives in Kharkiv.

Ісус у таких випадках воскресав

Вона перераховує птахів на гілках.
Птахи дивляться у вікна, мовби прочани.
Всі їхні галасливі родини рухаються
в бік коптських монастирів,
маючи при собі лише запаси
своєї віри, котра заважає їм
летіти в розрідженому повітрі.

Вона їх усіх перераховує, звіряючи
записи та спостереження, роблячи
правки в своєму нотатнику.
Цей великий перепис птахів, що
залишають нас – їй буде чим зайнятись,
даючи собі раду з усім цим пір'ям,
що забивається між сторінок.

Це ще не зима, це ще не та пора,
коли слід загортатись у тишу і
запалене листя, коли слід тримати
горло в теплі, ніби музичний інструмент.

Ще будинки наповнені світлом,
наче пляшки водою, а вона перераховує
їх, не вміючи ні з ким домовитись,
не вміючи нікого ні в чому переконати.

In Circumstances like These Jesus Would Resurrect Himself

Again she counts birds on the branches.
Birds, like pilgrims, look into the windows.
Their flocks move
toward Coptic monasteries.
They have stashes of faith,
which makes it hard for them to
fly in the thin air.

She counts them all, comparing
previous records with what she observes,
correcting notes in her scratch-book.
It's a large log where migratory birds
are listed; it keeps her busy.
She'll ignore loose feathers
that get between the pages.

It's not winter yet; we haven't begun
to wrap ourselves up into silence and
burning leaves, or to keep our throats warm,
as though they are musical instruments.
Houses are still full of light,
like flasks filled with water; she counts them.
She's unable to make arrangements with anyone,
or to convince anyone of anything.

Тому що жоден із нас не надається
до переконання. Ми лише стоїмо під
осіннім небом і ловимо листя на
хитру наживку. І він теж не надається
до переконання, не береже
своє горло.

Вона навіть готова померти,
аби нарешті з ним домовитись.
І готова потім воскреснути,
аби добити його по-справжньому.

Therefore, none of us can be
convinced. We just stand under the
autumn sky, and catch leaves
using a sophisticated bait. And he, too,
cannot be convinced; he doesn't look after
his throat.

She's even ready to die,
to finally come to terms with him.
And she's ready for resurrection
to finish him off for good.

*   *   *

Найкраще, що було цієї зими, –
її сліди на першому снігу.
Найтяжче було канатохідцям:
як їм тримати рівновагу
з цими серцями, що тягнуть убік?
Добре було б мати два серця,
можна було б зависати в повітрі,
можна було б тамувати подих,
впритул розглядаючи
зелених медуз снігу.
Найкраще, що було цієї зими, –
дерева з птахами.
Ворони були схожі на телефонні
апарати, якими користуються
біси радості.
Сиділи на деревах, а дерева взимку
як жінки після розлучення –
тепле коріння переплітається
з холодним корінням,
тягнеться в темряву,
потребує світла.
Добре було б
навчати цих ворон співів
і молитов, щоби зайняти їх
бодай чимось мокрими
березневими ранками.

End of Winter

The best thing I've seen this winter
were her traces in the fresh snow.
Tightrope walkers did the hardest bit:
how are you supposed to keep the balance
when your heart pulls you sideways?
It would be nice to have two hearts –
you could be suspended in the air
and, having held your breath,
examine carefully
the green jellyfish of snow.
The best thing I've seen this winter
were birds in the trees.
Crows resemble old telephones,
from which the demons of joy
make calls.
And winter trees resemble women
that have just gone through divorce:
warm roots intertwined
with the cold ones,
drawn into darkness,
craving for light.
Wouldn't it be great to teach these crows
how to pray and chant?
This should keep them busy
this wet March morning.

Найкраще, що могло трапитись,
трапилось саме з нами.
«Це все березень, – говорила
вона розчаровано, – це все
тому, що березень:
увечері довго шукаєш
по кишенях рекламні листівки,
на ранок смарагдова трава
росте під ліжком,
гірко й жагуче
пахнучи
м'ячами для гольфа».

The best thing that could happen
has happened to us.
"It's March," she said,
visibly disappointed, "It's happening
because it's March:
at night you keep emptying your pockets
looking for some flyers,
and in the morning you find emerald grass
growing under your bed
and you smell the bitter and sharp
scent of
golf balls."

*　*　*

Минає весна!
Плачуть птахи, і в риб
на очах – сльози.

Мацуо Басьо

Після того
як повінь спала
крізь крижані
площини води
ми вслухалися в без'язикий
плач риб
що пропливали над нашими
затонулими кораблями
і дивились
як срібними сережками
легенько похитуються
прикріплені до їхніх очей
сльози

Fish

> spring's end –
> birds cry,
> fish eyes filled with tears
>
> —Matsuo Basho

When the flood
subsided,
we listened through the icy
rectangles of water
to tongueless cries
of fish
that swam
over our sunken ships,
and we glanced at tears
in their eyes
swaying gently
like silver
earrings

Бакени

Спитай у бакенщиків, які запалюють води,
виганяючи туман, наче втомлених тварин на береги,
що значить це маркування на африканських
суховантажах,
котрі перевозять кам'яне вугілля темряви
кудись на північ,
до великих портів.

Хай вони розкажуть
про мешканців холодних мисів, без світла і пошти,
про океанські глибини,
в яких, ніби в молоковозах,
згортається молоко місяця,
про корабельні команди, які ходять піщаним дном,
про весільні оркестри, що грають з причалів,
скликаючи потопельників своїми тромбонами.

Вони знають назви усіх кораблів
                    по цей бік Атлантики,
вони спали в усіх готелях звідси і до Румунії,
вони носять в мішках відрубані псячі
                    голови своєї печалі,
вони запалюють гарячі серця бакенів
                    біля порожніх пірсів

Скільки тобі ще плисти, скільки брести,
харчуватись кавовими зернами,
                    безнадійним портвейном,
коли небеса гримлять так, ніби
                    зчеплюються товарні вагони,
і темрява ховає тебе до ранку,
мов контрабандні консерви.

Buoys

Ask the buoy keepers who lit the waters
driving the fog, like a tired animal, away to the shore,
ask them what's the meaning of the markings
                    on the African
cargo ship carrying the coal of darkness
to some place in the North,
to a big port.

Let them tell you about the inhabitants
of cold capes, deprived of light and postal service,
about the ocean depths, where the milk of the moon
curdles like it does inside a milk tanker,
about ships' crews that walk on the sandy bottom,
about wedding bands playing on the quays,
their trombones calling up the drowned.

They know the names of all the ships on
                    this side of the Atlantic,
they spent nights in each hotel from here to Romania,
they carry a bag with severed dog heads of their anguish,
they light the hot hearts of the buoys near the empty piers.

How much longer will you have to sail and wander
feeding yourself with coffee beans and the port wine
of hopelessness? The sky thunders
as loudly as coupling carriages of a freight train,
and darkness hides you until morning
like a smuggled tin can.

Секта

Андрій і Павло, адвентисти, студенти.
Тато-підприємець підтримував громаду,
вони звикли ставитись до церкви,
як до частини свого життя –
бували там щодня, допомагали
робити ремонт, викладали фото в мережі,
дякували за підтримку.

Їх і за мирних часів вважали сектантами,
а коли все це почалось – просто влаштували
на них полювання. Хтось виїхав, хтось сховався.
А їх обох схопили. Тримали в підвалі,
примушували ховати загиблих, копати могили.
Вони хотіли відкупитись, боялись, плакали.
Їх перевели до іншої ями. Потім просто забули
про них, ніби їх і не існувало.
Сиділи в чорному підвалі, слухали темряву,
спочатку молились, потім кинули –
соромились одне одного.

A Sect

Andriy and Pavlo, Adventist students…
Their entrepreneur father supported the community.
They used to think the church was
part of their life:
they were there every day making repairs,
and then they uploaded the photos on the net
and thanked others for support.

Even in times of peace the parish was regarded
as a sect, and when it all started, a manhunt ensued.
Some of the parishioners left, the others hid. The brothers
were seized. They were kept in the basement, and forced
to dig graves and bury the dead.
They tried to bribe the captors. They were afraid, crying.
Then they were transferred to another pit – and
forgotten, as though they didn't exist.
They were sitting in a pitch-black basement listening
to the darkness. At first they prayed but later stopped:
they were ashamed of doing it in front of each other.

Віру і втрачаєш тоді, коли випадає
можливість за неї померти, а ти цією
можливістю не встигаєш скористатися.
Нащо віра тому, хто бачив, як усе виглядає насправді?
Нащо вірити в те, що не має для тебе
жодного значення?
Ніхто не говорить, що було зі святими, в яких
на тілі відкривалися стигми. Що було з цими
стигмами? Вони самі собою закривалися,
як троянди надвечір? Чи довго кровоточили,
гноїлись, боліли під бинтами?
Чоловіки зі сліпими від темряви очима
приходили до госпіталю на перев'язку,
стискали зуби, коли сестра відривала їм
від рани засохлі бинти й свіжа кров
проступала на темній шкірі. Просили
знеболювального, бодай якогось.
Але не існує жодного знеболювального
від того, що в них болить, не існує.

One loses faith when he has an opportunity
to die for it but fails to do so
due to the lack of time.
For somebody who has faced the reality, what's the value
of faith? Why believe in something
that does not matter to you at all?
Nobody has ever mentioned what happened to the saints
whose bodies displayed the stigmata. What became
of the stigmata? Did they close on their own
like roses at twilight? Or did they bleed and fester,
aching under the bandages?
Men nearly blinded by darkness
came to the hospital for dressing.
They clenched their teeth as the nurse tore off
the dried bandages stuck to the wounds, and fresh blood
appeared on their dark skin. They asked
for painkillers, any kind of them.
But there's no anaesthetic for what hurts them,
none at all.

авіахем

я саме повинен був їхати на двірець і вже збирався
дивився на ранкові суботні балкони
світло стільки світла
на шворках жіноче прання
печальні метелики за годину до від'їзду

мені розповідали щось про це свято
я ще бачив людей що рухались до іподрому
десятий рік революції
зеппеліни у небі горіли ніби червоні
комунарські серця
грілося молоко на єврейському ринку
тихе і покірне мов гнані апостоли

я навіть дивився вгору гадаючи бодай щось побачити
і маленький швидкий літак уже кружляв
над трибунами
молоді авіатори що стояли на полі
тримали в руках телефонні записники

мов потріпані біблії
перебирали в кишенях арахіс і презервативи
гляділи як раптово літак починає падати
і як пілот щоб не звалитись на глядачів
спрямовує його на дерева

The Society for the Assistance to Aviation and Chemical Industry

I was about to rush to the station, and I was packing
and shooting glances at Saturday's morning balconies…
there was light, so much light!
ladies' underwear on a clothes-line
sad moths… all this an hour before departure

I heard something about these festivities
I saw people walking to the racetrack
the tenth anniversary of the revolution
zeppelins were blazing in the sky like the red hearts
of the Communards, and milk in the Jewish market was
warming up, tame and quiet like persecuted apostles

I even looked up hoping to spot at least something
a little nimble aeroplane was circling over the stands
young airmen were standing in the field
like battered Bibles
holding notebooks with phone numbers

counting peanuts and condoms in their pockets
staring at the plane that suddenly began to fall
and the pilot, to avoid crashing it into the spectators
aimed it at the trees

і я подумав боже блаженне світло твоє
спасенні твої діти що курять чорний тютюн
спасенні курці з пальцями коричневими

ніби зіниці хворих жовтухою

спасенні перетинки твоїх крил все що нас переповнює
розміреність літніх світанків
роса на вікнах жіночий голос який кличе з балкона
зламаний наче троянда хребет авіатора
солодке блакитне повітря його протигаза

and I thought, oh Lord, blessed is your overflowing light
saved are your children that smoke black tobacco
saved are the smokers with fingers
brown as a jaundiced patient's irises
saved are the cross-pieces of your wings
all that fills us
the measured pace of summer dawns
dew on the window-pane
woman's voice calling from the balcony
the aviator's spine broken like a rose
the sweet blue air inside his gas mask

The Translator

Anatoly Kudryavitsky was born in Moscow, Russia, in 1954. His father was from Dnipro, Ukraine, mother of Irish descent. He has been living in Dublin, Ireland, since 1999. Between 2006 and 2009 he worked as a creative writing tutor for the Irish Writers' Centre. He has published four collections of his poetry, the latest being *Horizon* (Red Moon Press, USA, 2016), as well as three novels written in Russian. The latest title in English translation is *disUNITY* (Glagoslav, 2013). His anthology of Russian poetry in English translation, *A Night in the Nabokov Hotel,* appeared in 2006; his anthology of German-language poetry in English translation, *Coloured Handprints,* in 2015; both have been published in Ireland by Dedalus Press. He has also published his English translations from Tomas Tranströmer, Miron Białoszewski and a few other poets, and edited two anthologies of Irish haiku: *Bamboo Dreams* (Doghouse Books, 2012) and *Between the Leaves* (Arlen Hourse, 2016). Kudryavitsky is the founding editor of *Shamrock Haiku Journal* and *SurVision*, a magazine for Surrealist poetry.

Dear Reader,

Thank you for purchasing this book.

We at Glagoslav Publications are glad to welcome you, and hope that you find our books to be a source of knowledge and inspiration.

We want to show the beauty and depth of the Slavic region to everyone looking to expand their horizon and learn something new about different cultures, different people, and we believe that with this book we have managed to do just that.

Now that you've got to know us, we want to get to know you. We value communication with our readers and want to hear from you! We offer several options:

– Join our Book Club on Goodreads, Library Thing and Shelfari, and receive special offers and information about our giveaways;

– Share your opinion about our books on Amazon, Barnes & Noble, Waterstones and other bookstores;

– Join us on Facebook and Instagram for updates on our publications and news about our authors;

– Visit our site www.glagoslav.com to check out our Catalogue and subscribe to our Newsletter.

Glagoslav Publications is getting ready to release a new collection and planning some interesting surprises — stay with us to find out!

Glagoslav Publications B.V.
Ringbaan Oost 102
5013 CD Tilburg
The Netherlands
Tel.: + 31 (0) 13 369 95 74
Email: contact@glagoslav.com

CONVERSATIONS BEFORE SILENCE:

THE SELECTED POETRY OF OLES ILCHENKO

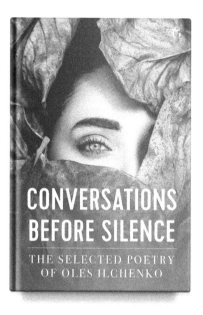

An avid reader of English-language poets such as William Carlos Williams and Stanley Kunitz, Ilchenko is one of the best Ukrainian poets writing in free verse today. His poetry is associative, flitting, and fragmentary. At times he does not form complete sentences in his poems and links words together into phrases before shifting into another thought or idea. The language of his poetry has a tendency to collapse into itself, often forcing the reader to reevaluate a word or line, to reread a previous word to focus on the poet's inner logic. This fragmentary incompleteness and permeability mimics much the way human consciousness works without the filter of the written communicative convention of sentences and grammatical structure. This "slipperiness" and rapid shifting of voice comprises one of the essential invariants in Ilchenko's poetics. The poet also flaunts many traditional poetic Ukrainian conventions. Like ee cummings he tends to avoid capital letters or punctuation such as exclamation points. One will find only commas and dashes for pauses, and an occasional period in his poems, which do not always end with the finality of that punctuation mark...

Buy it > www.glagoslav.com

Lightning Source UK Ltd.
Milton Keynes UK
UKHW040446040422
400984UK00015B/73

9 781911 414490